Möllenbeck/Puke/Richter/Marx

Der optimale Kurzvortrag

🖱 Online-Version inklusive!

Stellen Sie dieses Buch jetzt in Ihre „digitale Bibliothek" in der NWB Datenbank und nutzen Sie Ihre Vorteile:

- Ob am Arbeitsplatz, zu Hause oder unterwegs: Die Online-Version dieses Buches können Sie jederzeit und überall da nutzen, wo Sie Zugang zu einem mit dem Internet verbundenen PC haben.
- Die praktischen Recherchefunktionen der NWB Datenbank erleichtern Ihnen die gezielte Suche nach bestimmten Inhalten und Fragestellungen.
- Die Anlage Ihrer persönlichen „digitalen Bibliothek" und deren Nutzung in der NWB Datenbank online ist kostenlos. Sie müssen dazu nicht Abonnent der Datenbank sein.

Ihr Freischaltcode: PCLYIBSHOVLSAWFINJ

Möllenbeck u.a., Der optimale Kurzvortrag

So einfach geht's:

1. Rufen Sie im Internet die Seite **www.nwb.de/go/online-buch** auf.
2. Geben Sie Ihren Freischaltcode ein und folgen Sie dem Anmeldedialog.
3. Fertig!

Die NWB Datenbank – alle digitalen Inhalte aus unserem Verlagsprogramm in einem System.

Steuerfachkurs · Prüfung

Der optimale Kurzvortrag

Von
Assessor jur. Claus Möllenbeck
Diplom-Finanzwirt (FH) Steuerberater Michael Puke
Diplom-Finanzwirt Steuerberater Heinz Richter
Diplom-Finanzwirt Arne Marx

Empfohlen vom Studienwerk der Steuerberater
in Nordrhein-Westfalen e. V.

6., vollständig überarbeitete Auflage

▶ nwb AUSBILDUNG

Empfohlen vom **Studienwerk der Steuerberater in Nordrhein-Westfalen e. V.**
Hüfferstraße 73–75
48148 Münster
Telefon: 02 51/9 81 64–3
E-Mail: muenster@studienwerk.de
Internet: www.studienwerk.de

Bearbeiterhinweis:

Teile A, B und C   Richter
Teil D   Puke*

* Themen 44–70 unter freundlicher Mitarbeit
  von Herrn Ass. jur. Claus Möllenbeck, Nordkirchen.

ISBN 978-3-482-**69841**-5 (online)
ISBN 978-3-482-**53696**-0 (print) – 6., vollständig überarbeitete Auflage 2012

© NWB Verlag GmbH & Co. KG, 2002
   www.nwb.de

Alle Rechte vorbehalten.

Dieses Buch und alle in ihm enthaltenen Beiträge und Abbildungen sind urheberrechtlich geschützt. Mit Ausnahme der gesetzlich zugelassenen Fälle ist eine Verwertung ohne Einwilligung des Verlages unzulässig.

Satz: Griebsch & Rochol Druck GmbH & Co. KG, Hamm
Druck: medienHaus Plump GmbH, Rheinbreitbach

VORWORT

Sie haben wahrscheinlich gerade die schriftliche Steuerberaterprüfung hinter sich gebracht oder freuen sich sogar schon über die Einladung der zuständigen Steuerberaterkammer/Prüfungsstelle zur mündlichen. In jedem Fall aber stehen Sie nun vor der Frage, wie Sie den zweiten wichtigen Abschnitt der Steuerberaterprüfung erfolgreich bewältigen sollen.

Der vorliegende Band „Der optimale Kurzvortrag" möchte Ihnen Hilfestellung bei der Vorbereitung auf die Mündliche bieten, indem er Ihnen zum einen Hinweise zum Stellenwert, Ablauf und Inhalt dieses Prüfungsteils gibt und zum anderen den Teilbereich „Kurzvortrag" auch anhand von Beispielen behandelt. Denn mit dem Kurzvortrag, so zeigt die Erfahrung, werden vielfach die Weichen für den Verlauf und den Ausgang der Prüfung gestellt.

Allerdings stellen wir Ihnen keine ausgearbeiteten schriftlichen Vorträge vor, die möglichst alle Details eines behandelten Themas umfassen. Hierzu gibt es zahlreiche andere Veröffentlichungen. Wir möchten vielmehr, dass Sie anhand der beispielhaften Grobgliederungen im Laufe Ihrer Vorbereitung ein Gefühl dafür entwickeln, wie Sie Ihren Kurzvortrag vorbereiten sollten, die zentralen Aspekte eines Themas erkennen und in eine ansprechende Vortragsstruktur einbetten. Die Ausführungen zu den verschiedenen Vortragsthemen geben im Wesentlichen den notwendigen Vortragsinhalt wieder, können daher als inhaltliche Mindestanforderung verstanden werden. Ergänzende Vortragsinhalte, über das rein notwendige Maß hinaus, werden besonders kenntlich gemacht.

Für manche mögen die vorgeschlagenen Grobgliederungen nicht ausführlich genug sein. Jedoch soll es einem jeden überlassen werden, wie weit er das Grundgerüst eines Themas mit Details aus der Literatur anreichern will und kann. Immerhin stehen dem Prüfling nur rund 10 Minuten Redezeit zur Verfügung. Diese sollte er zunächst mit den wesentlichen Aussagen zu seinem Thema füllen. Erfahrungsgemäß wird nicht der Vortrag besonders gut bewertet, der möglichst viele Einzelheiten eines Themas umfasst. Vielmehr können die Kandidaten mit einem gelungenen Start in die Mündliche rechnen, die die Kernaussagen ihres Themas verständlich und gut strukturiert vorstellen.

Im Anschluss an den Textteil haben wir für Sie eine Vielzahl von Themen aufgeführt, die immer wieder Gegenstand mündlicher Prüfungen sind. Diese Liste soll für Sie ein Fundus sein, aus dem Sie bei Ihrer Vorbereitung schöpfen können.

Wir wünschen Ihnen für Ihre Prüfung viel Erfolg!

Münster/Köln, im Oktober 2011 *Verfasser und Verlag*

Kein Produkt ist so gut, dass es nicht noch verbessert werden könnte. Ihre Meinung ist uns wichtig! Was gefällt Ihnen gut? Was können wir in Ihren Augen noch verbessern? Bitte verwenden Sie für Ihr Feedback einfach unser Online-Formular auf:

www.nwb.de/go/feedback_lb

Als kleines Dankeschön verlosen wir unter allen Teilnehmern einmal pro Quartal ein Buchgeschenk.

INHALTSVERZEICHNIS

Vorwort	V

A.	Hinweise zum Stellenwert, Ablauf und Inhalt der mündlichen Prüfung	1
I.	Stellenwert der mündlichen Prüfung	1
II.	Ablauf und Inhalt der mündlichen Prüfung	2
	1. Allgemeines	2
	2. Der Kurzvortrag	3
	3. Ablauf der mündlichen Prüfung nach den Kurzvorträgen	4
B.	Hinweise zur Vorbereitung auf den Kurzvortrag	7
C.	Verhalten in der mündlichen Prüfung nach dem Kurzvortrag	11
D.	Kurzvorträge	13
I.	Allgemeine Hinweise und Überlegungen zum Thema vorab	13
II.	Verzeichnis der Kurzvorträge	15
	1. Abgabenordnung/Finanzgerichtsordnung	18
	2. Bilanzsteuerrecht/Handelsrecht	44
	3. Betriebswirtschaft/Volkswirtschaft	80
	4. Erbrecht/Erbschaftsteuerrecht/Bewertungsrecht	86
	5. Ertragsteuerrecht	96
	6. Gesellschafts- und Zivilrecht	130
	7. Gewerbesteuer	137
	8. Körperschaftsteuerrecht/Vereinsrecht	144
	9. Umsatzsteuerrecht	147
Anhang: Verzeichnis Kurzvortragsthemen		162

Teil A. Hinweise zum Stellenwert, Ablauf und Inhalt der mündlichen Prüfung

I. Stellenwert der mündlichen Prüfung

Mit einer Einladung der Steuerberaterkammer bzw. Prüfungsstelle „zur Mündlichen" können nur diejenigen Kandidaten rechnen, deren Gesamtnote für die schriftliche Prüfung die Zahl 4,5 nicht übersteigt (vgl. § 25 DVStB). Daraus ergibt sich zunächst die wichtige Bedeutung der schriftlichen Prüfung.

Hat man jedoch die Hürde der „Schriftlichen" erfolgreich genommen, so erkennt man sehr schnell den besonderen Stellenwert der mündlichen Prüfung. Schon rein rechnerisch erfordert sie in all den Fällen mehr, in denen der Prüfling mit einer schlechteren Vornote als 4,0 in die mündliche Prüfung geht.

> **BEISPIEL:** ▶ A schließt die schriftliche Prüfung mit 4,5 ab. Er hat die Prüfung bestanden, wenn die durch 2 geteilte Summe aus den Gesamtnoten für die schriftliche und die mündliche Prüfung die Zahl 4,15 nicht übersteigt (vgl. § 28 Abs. 1 DVStB). Das heißt für den Beispielsfall, dass A in der mündlichen Prüfung mindestens auf eine Gesamtnote von 3,8 kommen muss, um die Steuerberaterprüfung zu bestehen. Schließt A die mündliche Prüfung mit einer an sich ausreichenden Gesamtnote von 4,0 ab, so hat er gleichwohl die Steuerberaterprüfung nicht bestanden (vgl. BFH, Urteil v. 3. 2. 2004 VII R 1/03, BStBl 2004 II 842).

Der Grenzwert von 4,15 ist nicht angreifbar, denn der BFH hat mit Urteil v. 6. 3. 2001 VII R 38/00 (BStBl 2001 II 370) entschieden, dass § 28 Abs. 1 DVStB höherrangigem Recht entspreche, so dass die Steuerberaterprüfung mit einer schlechteren Durchschnittsnote als 4,15 nicht bestanden ist.

Der besondere Stellenwert der mündlichen Prüfung zeigt sich auch im Risiko für die Prüflinge, die ihren schriftlichen Prüfungsteil mit gutem Ergebnis abgeschlossen haben. Selbst ein Kandidat mit einer schriftlichen Vornote von 2,5 (wird in der Praxis selten erreicht!), kann sich in der mündlichen Prüfung keine unbrauchbaren Leistungen erlauben, die mit Note 6 bewertet werden. Was die Frage betrifft, ob und inwieweit die schriftlichen und die mündlichen Prüfungsteile verschieden zu bewerten sind, hat der BFH (Urteil v. 20. 4. 1997 VIII R 33/95, BStBl 1997 II 499) klargestellt, dass es keinen allgemein gültigen Bewertungsgrundsatz gibt, dem zu entnehmen wäre, dass unterschiedlich zu bewerten sei.

Im Urteilsfall hatte der Prüfling in der schriftlichen Prüfung eine Gesamtnote von 4,33 und in der mündlichen Prüfung eine Gesamtnote von 4,71 erhalten, so dass er mit einer Gesamtdurchschnittsnote von 4,52 die Prüfung nicht bestand.

Im anschließenden Rechtsstreit wandte er sich u. a. dagegen, dass die mündliche Prüfung gegenüber der schriftlichen Prüfung eine „Oberbewertung" erfahre, wenn der mündliche Teil der Prüfung bei der Errechnung der Gesamtnote das gleiche Gewicht erhalte wie der schriftliche Teil. Der BFH (a. a. O.) betont, dass die Gleichbehandlung beider Prüfungsteile und ihrer Teilung mit dem Ergebnis der Prüfung auch nicht deshalb unzulässig sei, weil für die schriftliche Prüfung drei Einzelnoten (für die drei schriftlichen Arbeiten), für die mündliche Prüfung aber sieben Einzelnoten erteilt würden oder deshalb, weil die Zeit für die mündliche Prüfung erheblich kürzer war als die für die drei schriftlichen Arbeiten zur Verfügung stehende Zeit.

Es bleibt für die Praxis festzuhalten, dass der Stellenwert der mündlichen Prüfung nach Zulassung zur Teilnahme sehr hoch ist, da hier die Möglichkeit eröffnet wird, einen Prüfling mit einer schriftlichen Vornote von weniger als ausreichend – nämlich mit 4,5 – noch zum Bestehen der Prüfung zu führen; andererseits stellt eine genügende schriftliche Gesamtnote keine Garantie für das Bestehen der Prüfung dar (in den letzten Jahren haben in NRW immerhin noch fast 20 % der zur mündlichen Prüfung zugelassenen Kandidaten die Prüfung aufgrund einer schlechten Note bei der Mündlichen nicht bestanden).

II. Ablauf und Inhalt der mündlichen Prüfung

1. Allgemeines

Die mündliche Prüfung erfolgt i.d.R. durch denselben Prüfungsausschuss, der auch für den schriftlichen Teil der Prüfung zuständig war. Tritt jedoch in der mündlichen Prüfung ein anderer Prüfer als in der schriftlichen Prüfung auf (was eher selten der Fall ist), so ergibt sich daraus kein Anspruch auf Neubewertung der schriftlichen Arbeiten (vgl. BFH, Urteil v. 28.11.1978 VII R 70/78, BStBl 1979 II 207 f.). Zu der mündlichen Prüfung werden je Termin regelmäßig vier bis sechs Prüflinge geladen (Personalausweis nicht vergessen!).

Dem Prüfungsausschuss gehören jeweils drei Beamte des höheren Dienstes (oder vergleichbare Angestellte) der Finanzverwaltung an, davon einer als Vorsitzender, und drei Steuerberater bzw. zwei Steuerberater und ein Vertreter der Wirtschaft (vgl. § 10 DVStB).

Die mündliche Prüfung ist grundsätzlich nicht öffentlich. Allerdings können Vertreter der zuständigen obersten Landesfinanzbehörde und des Vorstandes der zuständigen Steuerberaterkammer auf Wunsch teilnehmen. Wenn noch mehr Personen anwesend sind, so ist das kein Grund zur Aufregung. Es handelt sich dabei nach den Feststellungen in der Praxis regelmäßig um neu bestellte Vertreter von Ausschussmitgliedern, die sich über den Ablauf der mündlichen Prüfung informieren wollen, aber an der Beratung des Prüfungsausschusses über die Bewertung nicht teilnehmen dürfen (§ 14 Abs. 3 DVStB). Der Prüfungsausschussvorsitzende wird diese Teilnehmer entsprechend vorstellen.

Die mündliche Prüfung besteht aus dem Kurzvortrag sowie sechs weiteren Prüfungsabschnitten. Nach § 27 DVStB werden der Vortrag und jeder der sechs folgenden Prüfungsabschnitte gesondert bewertet. Rein rechnerisch gehen dabei die Noten für den Kurzvortrag und für die übrigen Prüfungsabschnitte mit je 1/7 in die Gesamtnote für die mündliche Prüfung ein.

In der Praxis ist der Kurzvortrag und seine Benotung ungleich höher als die anderen Prüfungsabschnitte einzuschätzen. Wer mit einem guten Kurzvortrag mit entsprechender Benotung beginnt, stellt nach Aussagen der meisten Prüflinge, die mit Erfolg ihre Prüfung bestanden haben, regelmäßig die Weichen für die weitere Beurteilung. Allerdings sollte man nicht sogleich resignieren, wenn man meint, keinen besonders guten Vortrag gehalten zu haben. Versuchen Sie dann erst recht, in den folgenden Prüfungsabschnitten zu „glänzen".

Die auf jeden Bewerber entfallende Zeit für die mündliche Prüfung „soll" neunzig Minuten nicht überschreiten. Bei vier Prüflingen in der Kommission dürfte die Gesamtprüfungszeit nicht länger als sechs Stunden dauern. Die Soll-Vorschrift ist insoweit nicht streng auszulegen, als es durchaus zulässig ist, die Prüfungszeit bei Kandidaten zu kürzen, die mit guter Vornote und erkennbaren guten Kenntnissen in der mündlichen Prüfung in jedem Fall die Prüfung bestehen werden. Umgekehrt gestattet die Vorschrift aber auch, bei gefährdeten Bewerbern die Prüfungszeit in angemessenem und zumutbarem Umfang auszudehnen.

Eine entsprechende Ausdehnung der Prüfungszeit bzw. eine besonders häufige Befragung sollte nicht verunsichern oder negativ ausgelegt werden, zeigt es doch, dass die Prüfungskommission sich bemüht, dem Kandidaten zum Bestehen der Prüfung zu verhelfen!

2. Der Kurzvortrag

Die mündliche Prüfung beginnt mit den Kurzvorträgen. Dabei besteht die Möglichkeit, dass ein Prüfling seinen Vortrag vor dem Prüfungsausschuss mit oder ohne die übrigen Teilnehmer abhält.

In der Praxis ist festzustellen, dass der Kurzvortrag je nach Bundesland auf unterschiedliche Weise durch den Prüfungsausschuss abgenommen wird. In den überwiegenden Fällen kann jeder Kandidat jeweils unter drei Themen wählen, die ihm zuvor nach dem Zufallsprinzip angeboten werden. In einzelnen Bundesländern werden allen Kandidaten dieselben drei Themen angeboten. Der Vortrag vor der Kommission erfolgt dann jeweils ohne Anwesenheit der übrigen Prüflinge, versteht sich.

Die Kurzvorträge haben immer ein Thema aus folgenden Prüfungsgebieten zum Gegenstand (vgl. § 37 Abs. 3 StBerG):

1. Steuerliches Verfahrensrecht
2. Steuern von Einkommen und Ertrag
3. Bewertungsrecht, Erbschaftsteuer und Grundsteuer
4. Verbrauch- und Verkehrsteuern, Grundzüge des Zollrechts
5. Handelsrecht sowie Grundzüge des Bürgerlichen Rechts, des Gesellschaftsrechts, des Insolvenzrechts und des Rechts der EG
6. Betriebswirtschaft und Rechnungswesen
7. Volkswirtschaft
8. Berufsrecht

Die zeitliche Dauer des Kurzvortrags ist gesetzlich nicht vorgeschrieben. Nach den Merkblättern der einzelnen Ministerien sind jedoch meist 10 Minuten für den Vortrag vorgesehen.

Nach den Erfahrungen aus der Praxis ist ein Überziehen der vorgesehenen Zeit nicht zu empfehlen. Man sollte daher lieber ein Referat von 8-minütiger Dauer halten als ein Referat von mehr als 12 bis 15 Minuten. Der Kandidat würde zudem zusätzlich verunsichert, wenn der Prüfungsvorsitzende ihn ermahnen müsste, mit dem Vortrag langsam zum Schluss zu kommen.

Für den Kurzvortrag steht eine Vorbereitungszeit von einer halben Stunde zur Verfügung. In dieser Zeit muss man sich zunächst für eines der drei zur Verfügung gestellten Themen entscheiden und dieses dann vorbereiten. Für die Vorbereitung des Kurzvortrages dürfen die Gesetzestexte, jedoch keine Textausgaben mit Richtlinien und Verwaltungsanweisungen benutzt werden. Es empfiehlt sich (auf dem im Prüfungsraum ausliegenden Schreibpapier), zum ausgewählten Thema **nur Stichworte** und keine ausformulierten Sätze zu vermerken.

Es ist ratsam, sich schon recht bald für das in Betracht kommende Thema zu entscheiden. Andererseits hat der Bewerber auch noch während der 30-minütigen Vorbereitungszeit die Möglichkeit, das Thema zu wechseln. Allerdings geht das dann zu Lasten der Vorbereitungszeit für das endgültig gewählte Thema.

Dennoch: Lieber noch wechseln, wenn man nach kurzer Vorbereitungszeit feststellt, dass die Kenntnisse zum zunächst gewählten Thema nicht für ein 10-Minuten-Referat ausreichen.

In der Praxis lässt es sich nicht vermeiden, dass die 30 Minuten Vorbereitungszeit durch eine Wartezeit (bis zum Beginn des Referates) überschritten wird. Hierzu hat das FG Bremen (Urteil v. 22.11.1994, EFG 1995, 343) festgestellt, dass dies grundsätzlich nicht zu beanstanden sei, wenn feststeht, dass der einzelne Bewerber eine Vorbereitungszeit für den Kurzvortrag von (mindestens) 30 Minuten hatte.

3. Ablauf der mündlichen Prüfung nach den Kurzvorträgen

Nachdem alle Kandidaten ihren Kurzvortrag gehalten haben, werden sie regelmäßig gebeten, den Prüfungsraum zu verlassen. Der Prüfungsausschuss bewertet dann die einzelnen Kurzvorträge. Sofern die einzelnen Kandidaten ihren Kurzvortrag ohne Anwesenheit der übrigen Prüflinge halten, erfolgt die Bewertung des Kurzvortrages nach jedem einzelnen Vortrag.

Anschließend wird die mündliche Prüfung mit den weiteren sechs Prüfungsabschnitten fortgesetzt. Dabei sollen dem Bewerber Fragen aus den acht Prüfungsgebieten gestellt werden. Wenn auch im Gesetz (§ 37 StBerG) ausdrücklich festgeschrieben ist, dass es nicht erforderlich sei, sämtliche Gebiete zum Gegenstand der Prüfung zu machen, so ist das letztlich nur ein schwacher Trost. Denn vorbereiten muss man sich doch auf alle Prüfungsgebiete.

Nach den Prüfungsprotokollen ist es nicht selten, dass auch Fragen gestellt werden, die den acht Prüfungsgebieten nicht direkt zuzuordnen sind („Welche Wirtschafts- oder Steuerrechts-Zeitschriften lesen Sie?", „Wie groß ist die Praxis, in der Sie tätig sind?" usw.). Das sind jedoch alles Fragen, die dem Prüfer die Möglichkeit eröffnen sollen, etwas mehr als bekannt über den Prüfling zu erfahren.

Ein „Prüfungsabschnitt ist jeweils die gesamte Prüfungstätigkeit eines Mitgliedes des Prüfungsausschusses während der mündlichen Prüfung" (§ 26 Abs. 3 DVStB). Somit muss ein „Prüfungsabschnitt" nicht identisch sein mit einem „Prüfungsgebiet" i. S. des § 37 Abs. 3 StBerG.

Grundlage der Aufteilung der Prüfungsgebiete (derzeit acht) auf die Prüfungsabschnitte (derzeit sechs) ist der Prüfungsplan, der von der jeweiligen obersten Landesbehörde jährlich erstellt wird. Bei der Zuordnung zu den Prüfern wird in der Regel wie folgt verfahren: Die Prüfungsgebiete Steuerliches Verfahrensrecht, Steuern von Einkommen und Ertrag, Verbrauch- und Verkehrsteuern werden durch die Mitglieder der Finanzverwaltung geprüft, die beiden Steuerberater des Prüfungsausschusses prüfen dann Bewertungsrecht, Erbschaftsteuer und Grundsteuer sowie Handelsrecht usw. Der Vertreter der Wirtschaft oder der dritte Steuerberater prüft dann noch (zurzeit im Plan vorgesehen) Betriebswirtschaft, Volkswirtschaft und Berufsrecht. Dem

Prüfungsvorsitzenden bleibt es dann vorbehalten, noch Fragen zu Prüfungsabschnitten seiner Wahl zu stellen.

BEISPIEL AUS DER PRAXIS:
Prüfer 1: AO und USt
Prüfer 2: ESt, KSt, GewSt
Prüfer 3: Bilanzsteuerrecht/Handelsrecht
Prüfer 4: Erbschaftsteuer/Grunderwerbsteuer
Prüfer 5: Betriebswirtschaft/Volkswirtschaft
Prüfungsvorsitzender: Berufsrecht

Im Verlauf der mündlichen Prüfung kann es jedoch auch vorkommen, dass nicht nur der Vorsitzende (der ja nach § 26 Abs. 2 DVStB berechtigt ist, jederzeit in die Prüfung einzugreifen), sondern auch die übrigen Mitglieder des Prüfungsausschusses noch Fragen aus dem jeweils gerade abgehandelten Prüfungsgebiet stellen oder daran anschließen.

BEISPIEL: Prüfer 1 hat seinen Prüfungsteil mit Fragen zur Unternehmereigenschaft im Umsatzsteuerrecht abgeschlossen. Prüfer 2 nimmt die Fragen nochmals auf und will von den Prüflingen wissen, ob und gegebenenfalls wie sich der Unternehmer vom Gewerbetreibenden i. S. des § 15 EStG unterscheidet. Auch wenn Prüfer 2 dann noch Fragen zur umsatzsteuerlichen Qualifizierung nachschiebt, ist dies grundsätzlich nicht zu beanstanden (vgl. EFG 1995, 343).

Wie die Aufteilung im Beispielfall zeigt, ist es nicht zwingend, dass in der mündlichen Prüfung Fragen aus sämtlichen acht Prüfungsgebieten des § 37 StBerG gestellt werden; es ist auch nicht erforderlich, dass alle Prüflinge in den vorgesehenen sechs Prüfungsabschnitten in jeweils gleichem Umfang befragt werden (so der BFH im Urteil v. 14.12.1993 VII R 46/93, BStBl 1994 II 333).

Nach dem Ende der Prüfungsabschnitte müssen alle Prüflinge noch einmal den Raum verlassen. Nun erfolgt die Ermittlung, ob die Kandidaten die Prüfung bestanden oder nicht bestanden haben. Anschließend teilt der Vorsitzende den Prüflingen die Ergebnisse mit.

Teil B. Hinweise zur Vorbereitung auf den Kurzvortrag

Die Vorbereitung auf die mündliche Prüfung und dabei insbesondere auf den Kurzvortrag ist fachlich bereits Teil der allgemeinen Vorbereitung auf die Steuerberaterprüfung. Da die Themen der Kurzvorträge weitere Fächer umfassen können als die Themen der drei Aufsichtsarbeiten, sollte man mit der Vertiefung der Vorbereitung auf die mündliche Prüfung (erst) beginnen, wenn die schriftliche Prüfung abgeschlossen ist. Die dazu verbleibende Zeit ist in der Regel ausreichend.

Derzeit werden die schriftlichen Arbeiten im Oktober geschrieben. Die mündliche Prüfung beginnt dann meistens im Januar oder Februar des Folgejahres. Allerdings steht nach Abschluss der schriftlichen Prüfung ja noch nicht fest, ob man zur mündlichen Prüfung überhaupt zugelassen wird. Intensiver ist dann erst die Vorbereitung auf die mündliche Prüfung, wenn man die Mitteilung über die Zulassung erhält.

Die Unterrichtung über die Note des schriftlichen Prüfungsteils ist zeitlich oft sehr unterschiedlich und durch die Zahl der Prüflinge in den einzelnen Bundesländern begründet. So nehmen in großen Bundesländern (z. B. in NRW) jährlich weit mehr als 1000 Kandidaten an der schriftlichen Prüfung teil, während es z. B. in den Stadtstaaten regelmäßig weniger als 100 Prüflinge sind. Trotz einer entsprechend höheren Zahl an Prüfungsausschüssen sind zeitliche Unterschiede bei der Bekanntgabe der Zulassung bzw. Nichtzulassung zur mündlichen Prüfung nicht zu vermeiden. Auch die Dauer zwischen Bekanntgabe des Prüfungstermins und des Termins selbst ist meistens unterschiedlich; sie schwankt nach den Feststellungen in der Praxis zwischen zwei und 19 Wochen.

Es ist also ratsam – insbesondere wenn man gefühlsmäßig glaubt, davon ausgehen zu können, zur mündlichen Prüfung zugelassen zu werden – schon vor der endgültigen Benachrichtigung mit der Vorbereitung auf die mündliche Prüfung zu beginnen. Fällt dann die Note der schriftlichen Arbeiten schlechter (oder besser) aus als erwartet, reicht sie aber zur Zulassung für die mündliche Prüfung, so sollte man sich weder zur Mutlosigkeit noch zum Leichtsinn verführen lassen.

Es kann davon ausgegangen werden, dass bei den drei Themenvorschlägen für den Kurzvortrag mindestens ein Thema das klassische Steuerrecht betrifft, das vorher in der schriftlichen Prüfung zumindest gestreift wurde. Dabei ist zu beachten, dass nach dem Kurzvortrag die eigentliche mündliche Prüfung erst beginnt, wenngleich nochmals zu betonen ist, dass der Kurzvortrag als Einstieg in die mündliche Prüfung weitaus größere Bedeutung hat, als ihm rein mathematisch (1/7 der Gesamtnote der mündlichen Prüfung) zukommt.

In der Vorbereitung sollte man Schwerpunkte bilden (ohne Nebenfächer ganz zu vernachlässigen); d. h. dem Fach „Steuern von Einkommen und Ertrag" ist sicherlich mehr Vorbereitungszeit zu schenken als dem Fach „Grundzüge des Zollrechts". Das schließt nicht aus, bei den drei Themen für den Kurzvortrag einem etwas ausgefallenen Thema den Vorzug zu geben.

BEISPIEL: A erhält 30 Minuten vor seinem Kurzvortrag folgende drei Themen zur Auswahl:
1. Besteuerung von Veräußerungsverlusten (betriebliche und private)
2. Aufbewahrungsfristen in der AO
3. Ahndungsmöglichkeiten im StBerG bei Pflichtverletzung des Steuerberaters

A traut sich zu, die Themen 1 und 3 in einem Kurzreferat darzustellen. Zum erstgenannten Thema hat A sich schon intensiv vor Beginn der schriftlichen Prüfung durch Teilnahme an Vorbereitungslehrgängen und Fachvorträgen vorbereitet. Das 3. Thema war Gegenstand seiner letzten Vorbereitung im Berufsrecht.

Es ist schwer zu empfehlen, für welches Thema A sich entscheiden sollte. Positiv würde sicherlich zunächst von der Prüfungskommission gewertet, wenn A sich für das berufsrechtliche Thema entscheiden würde; zeigt es doch, dass der Prüfling Interesse am Beruf des Steuerberaters hat. Zudem wäre es ein ausgefallenes Thema, welches auch nicht von allen Mitgliedern der Kommission (insbesondere von den Vertretern der Finanzverwaltung) hinreichend beherrscht wird. Taktisch wäre also A zunächst gut beraten, Thema Nr. 3 zu wählen. Hat A aber aufgrund der Mitteilung über das Ergebnis der schriftlichen Prüfung gesehen, dass seine Aufsichtsarbeit für den Bereich AO relativ schlecht ausgefallen ist, wäre zu überlegen, ob er nicht seinen Kurzvortrag zum Thema 2 hält.

Fazit:

Taktische Überlegungen sollten nicht übertrieben angestellt werden. Am besten wählt man das Thema, zu dem man glaubt, dass es sich nach eigenem Kenntnisstand für den Kurzvortrag bestens eignet.

Wie schon ausgeführt, sollte der Schwerpunkt der Vorbereitung auf die mündliche Prüfung bei den Kurzvorträgen liegen. Soweit es den materiellen Teil betrifft, kommt es den weiteren Prüfungsteilen zugute, die im Anschluss an die Kurzvorträge im Frage- und Antwortverfahren die mündliche Prüfung vervollständigen.

Es genügt allerdings nicht, die Vorträge nur materiell vorzubereiten. Auftreten, Darstellung, Sprechweise u. Ä. sind ebenfalls sehr wichtig. Deshalb hat sich in der Praxis die Bildung von „Arbeitsgemeinschaften" sehr bewährt. Der Einzelkämpfer, der sein Kurzreferat in der Vorbereitung vor dem Spiegel hält, um Gestik, Verhalten und Ausdruck zu üben, erreicht nicht die Prüfungssituation in gleicher Weise wie der Prüfling, der seinen Vortrag vor den Kollegen der Arbeitsgemeinschaft hält. Sehr zu empfehlen ist natürlich die Teilnahme an Intensivkursen zur Vorbereitung auf die mündliche Prüfung, die in vielen Bundesländern angeboten werden. Wichtig ist bei jeder Vorbereitung, dass man die Prüfungssituation zum Kurzvortrag von Anfang bis Ende erprobt.

BEISPIEL: A, B, C und D, die sich bei Vorbereitungslehrgängen kennen gelernt haben, beschließen, sich auf den Kurzvortrag gemeinsam vorzubereiten. Neben der Vertiefung der materiellen Kenntnisse üben sie u. a. wie folgt:

A erhält von seinen Kollegen drei Themen vorgestellt. Nach Ablauf von 30 Minuten muss A über eines der Themen (die ihm vorher nicht bekannt waren) 10 Minuten referieren. Danach erfolgt gemeinsam Kritik. So wird im Wechsel eine zunehmende Sicherheit im Vortrag erreicht.

Die psychische und physische Vorbereitung hat natürlich individuell zu erfolgen; die Nervenstärke und die körperliche Verfassung ist höchst unterschiedlich. Gleichwohl lassen sich einige allgemeine Grundsätze und Empfehlungen anbringen.

Die physische Belastung wird regelmäßig so richtig spürbar, wenn man die Noten der schriftlichen Prüfung erfahren hat und diese nicht so gut sind, wie vielleicht erwartet. Dann heißt es Ruhe bewahren und Panik vermeiden. Ist man zur mündlichen Prüfung zugelassen, so kann man sich nur verbessern. Also weiterhin trainieren und den Schwerpunkt auf das Kurzreferat legen.

Körperliche Fitness ist ja schon bewiesen, hat man doch drei mehrstündige Klausuren gemeistert. Falsch ist es sicherlich, Körper und Geist mit Aufputschmitteln (oder Beruhigungsmitteln) zu beeinflussen. Das kann zu unerwünschten Reaktionen führen.

Sofern man nicht am Prüfungsort wohnt, empfiehlt es sich, rechtzeitig anzureisen. Denn bei Nichtteilnahme an der mündlichen Prüfung gilt die Prüfung, mag die schriftliche Note noch so gut sein, als nicht bestanden. Verspätetes Eintreffen am Prüfungsort kann allenfalls zur Teilnahme an einer späteren mündlichen Prüfung berechtigen, wenn die Verhinderung oder Verspätung aus einem „nicht zu vertretenden Grund" erfolgte (vgl. § 30 Abs. 1 DVStB). Vergebliches Suchen nach einem Parkplatz oder Zugverspätungen sind kaum entschuldbare Gründe!

Teil C. Verhalten in der mündlichen Prüfung nach dem Kurzvortrag

Sind die Kurzvorträge gehalten, so folgt Teil 2 der mündlichen Prüfung; er gestaltet sich regelmäßig in einen Frage- und Antworten-Dialog. Dabei richtet der jeweils Prüfende meistens seine Frage zunächst an alle Prüflinge und wechselt dabei seine Abfrage, um erst einmal Ruhe in die Prüfung zu bringen und um sich ein Bild über die einzelnen Kandidaten zu machen. Hat man subjektiv den Eindruck, der Kurzvortrag sei nicht besonders gut ausgefallen, so sollte man dem nicht gedanklich nachhängen. Jetzt heißt es, konzentriert auf die gestellten Fragen zu reagieren.

Wird man im Verhältnis zu den anderen Prüflingen häufiger gefragt, so sollte man dies positiv sehen. Es ist noch alles zu retten! Bei Fragestellung an Mitprüflinge, die mit der Antwort noch zögern, keinesfalls durch Hand oder Fingerheben zeigen, dass man die Antwort weiß. Gibt ein anderer Prüfling eine offensichtlich unrichtige Antwort, so besteht kein Grund, dies durch entsprechende Mimik zu unterstreichen. Die Erfahrung lehrt, dass dies nicht selten den Prüfer veranlasst, einem die eigenen Grenzen aufzuzeigen.

Beliebt sind Zusatzfragen. Hat ein Mitprüfling eine Antwort gegeben, so stellt der Prüfer an einen anderen Prüfling die Zusatzfrage: „Ist das auch Ihre Meinung?" oder „Haben Sie dazu noch etwas ergänzend zu sagen?" Dazu sollte man wissen, dass der Prüfer damit niemand „aufs Glatteis" führen will; man sollte wirklich prüfen, ob noch etwas hinzuzufügen ist.

Während der mündlichen Prüfung müssen alle Prüfer anwesend sein. Es empfiehlt sich, die übrigen Prüfer während einer Fragestellung zu beobachten. Oft kann man aus deren Mimik erkennen, ob die Antwort richtig oder falsch war und ob es tunlich ist, auf dem eingeschlagenen (Antwort-)Weg weiterzufahren. Nickt ein Prüfer des Teams, der die Frage nicht gestellt hat, zustimmend, so sollte man in der Regel davon ausgehen, dass man nicht falsch liegt!

Teil D. Kurzvorträge

Sobald man sich für das Thema seines Kurzvortrages entschieden hat, ist es wichtig, dieses möglichst exakt zu definieren und einige Überlegungen voranzustellen, damit man sich bei der Vorbereitung des Vortrags nicht verzettelt und den Kern des Themas nicht aus dem Auge verliert.

I. Allgemeine Hinweise und Überlegungen zum Thema vorab

Einordnung des Themas:

Es gibt Vortragsthemen, die durch einzelne Vorschriften (wie z. B. EStR 6.6 – Übertragung stiller Reserven) sehr exakt beschrieben sind. In diesen Fällen wird eine genaue und ausführliche Definition und Darstellung der Vorschrift erwartet.

Im Gegensatz dazu gibt es allgemeine Themen wie z. B. „Die Besteuerung gemeinnütziger Vereine". In diesem Fall steht nicht eine zentrale Vorschrift im Mittelpunkt des Vortrags, sondern verschiedene Vorschriften müssen im Überblick und Zusammenhang bzw. Zusammenspiel vorgestellt werden. Das bedeutet natürlich, dass die einzelnen Regelungen nicht in allen Einzelheiten dargestellt werden können. Vielmehr kommt es hier darauf an, die Übersicht nicht zu verlieren und den Zuhörern einen Überblick in möglichst systematischer Form zu verschaffen.

Was möchte ich zum Thema sagen, welchen Aussagen sind wichtig bzw. weniger wichtig? Um selbst eine erste Grobgliederung zu haben, sollten Sie sich vorab zum Beispiel folgende Fragen beantworten:

1. In welchen Bereich ist das Thema einzuordnen (Buchführung/Bilanzsteuerrecht; Handelsrecht, Verfahrensrecht …)?
2. Welche Sachverhalte sollen durch die Vorschrift konkret geregelt werden und warum gibt es diesbezüglich Regelungsbedarf?
3. Was wird konkret geregelt? Was sind die Tatbestandsvoraussetzungen?
4. Welche Rechtsfolgen ergeben sich bei Anwendung der Vorschrift?
5. Wie sind die Rechtsfolgen zu bewerten?
6. Welche Gestaltungsmöglichkeiten bieten sich an?
7. Gibt es aktuelle Hinweise zur Vorschrift?

Gliederung des Themas:

Die Beantwortung dieser oder vergleichbarer Fragen kann sodann in folgende Gliederung Eingang finden, die auch den Beispielthemen zugrunde liegt:

Einleitung: Hier kann kurz die Bedeutung des Themas oder auch bereits die Definition von wesentlichen Begriffen genannt werden.

Hauptteil: Es wird nun das Thema in seinen Einzelheiten behandelt. Hier sind Rechtsquellen zu nennen, Tatbestandsmerkmale sowie Rechtsfolgen aufzuführen. Beispiele sollten vor allem bei komplexen Fragen immer wieder zur Verdeutlichung genannt werden.

Schluss: Am Ende kann man das bisher Gesagte kurz zusammenfassen und dann auf Problemfelder in Rechtsprechung und Verwaltungsauffassung hinweisen. Ferner sollte man geplante Gesetzesänderungen nennen, die das Thema betreffen. Schließlich können auch die Auswirkungen auf die Steuerberatungspraxis geschildert werden.

Hilfreich ist es in der Regel, zumindest den Einstiegs- und den Schlusssatz genau zu formulieren. Den Hauptteil sollte man in Stichworten festhalten, so dass man gezwungen ist, die Rede frei zu halten. Der Vortrag kann im Sitzen oder Stehen gehalten werden. Man sollte dann zu Beginn seines Vortrages die Ausschussmitglieder kurz ansprechen und sein gewähltes Thema nennen. Auch kann man hier schon seine Grobgliederung vorstellen, damit sozusagen der „Fahrplan" der nächsten 10 Minuten klar wird. Während des Vortrags sollte man darauf achten, verständlich zu sprechen (langsam und deutlich) und auch immer wieder den Augenkontakt mit dem Prüfungsausschuss zu suchen.

Zum Ende des Vortrages kann dann noch ein kurzes „Vielen Dank für Ihre Aufmerksamkeit" die Darstellung abrunden.

II. Verzeichnis der Kurzvorträge

1. **Abgabenordnung/Finanzgerichtsordnung** — 18
    - Thema 1 — Außenprüfung — 18
    - Thema 2 — Aussetzung und Ruhen des Verfahrens i. S. des § 363 AO — 20
    - Thema 3 — Haftung im Zivilrecht und Steuerrecht — 22
    - Thema 4 — Klagearten nach der FGO — 24
    - Thema 5 — Korrektur von Steuerbescheiden, § 173 AO — 26
    - Thema 6 — Korrekturvorschrift, § 129 AO — 28
    - Thema 7 — Steuergeheimnis, § 30 AO — 29
    - Thema 8 — Steuerfahndung – Aufgaben und Befugnisse — 30
    - Thema 9 — Straftatbestände in der Abgabenordnung — 32
    - Thema 10 — Vertrauensschutz im Steuerrecht — 34
    - Thema 11 — Vollstreckungsmöglichkeiten der Finanzverwaltung wegen Geldforderungen — 35
    - Thema 12 — Vorläufiger Rechtsschutz in AO/FGO — 37
    - Thema 13 — Widerstreitende Steuerfestsetzung, § 174 AO — 39
    - Thema 14 — Zinsen in der Abgabenordnung — 41
    - Thema 15 — Datenzugriff der Finanzverwaltung — 42
2. **Bilanzsteuerrecht/Handelsrecht** — 44
    - Thema 16 — Abgrenzung Betriebsvorrichtungen vom Grundvermögen — 44
    - Thema 17 — Abgrenzung Erhaltungs- und Herstellungsaufwand — 45
    - Thema 18 — Abgrenzungsmerkmale Anlage- und Umlaufvermögen — 47
    - Thema 19 — Abschreibungen im Handelsrecht — 49
    - Thema 20 — Anhang und Lagebericht — 51
    - Thema 21 — Beteiligungen in der Handels- und Steuerbilanz — 53
    - Thema 22 — Bilanzberichtigung und Bilanzänderung — 56
    - Thema 23 — Das Eigenkapital in der Bilanz — 58
    - Thema 24 — Die Bilanzierung schwebender Geschäfte — 60
    - Thema 25 — Die Untergrenze der Herstellungskosten in Handels- und Steuerbilanz — 62
    - Thema 26 — Der Teilwert — 64
    - Thema 27 — Firma eines Kaufmanns — 66
    - Thema 28 — Form, Gliederung und Inhalt einer Bilanz — 68
    - Thema 29 — Handelsregister — 70
    - Thema 30 — Handelsvertreter — 72
    - Thema 31 — Notwendiges/gewillkürtes Betriebsvermögen, notwendiges Privatvermögen — 73

	Thema 32	Rechnungsabgrenzungsposten in Handelsrecht und Steuerrecht	74
	Thema 33	Übertragung stiller Reserven nach R 6.6 EStR	76
	Thema 34	Wertaufholung und Wertbeibehaltung im Jahresabschluss	78
3.	**Betriebswirtschaft/Volkswirtschaft**		80
	Thema 35	Cashflow	80
	Thema 36	Deckungsbeitragsrechnung	82
	Thema 37	Kostenrechnung	84
4.	**Erbrecht/Erbschaftsteuerrecht/Bewertungsrecht**		86
	Thema 38	Bewertung von Anteilen an Kapitalgesellschaften	86
	Thema 39	Bewertung von Grundstücken	90
	Thema 40	Gemischte Schenkung/Schenkung unter Auflage	93
	Thema 41	Vorweggenommene Erbfolge aus Sicht der Erbschaft-, Schenkungsteuer und Einkommensteuer	94
	Thema 42	Wertermittlung und Steuerberechnung in der Erbschaft-, Schenkungsteuer	95
5.	**Ertragsteuerrecht**		96
	Thema 43	Abgrenzung Einkünfte aus Gewerbebetrieb und aus selbständiger Tätigkeit	96
	Thema 44	Abschreibung von denkmalgeschützten Gebäuden	97
	Thema 45	Außergewöhnliche Belastungen	98
	Thema 46	Außerordentliche Einkünfte in der Einkommensteuer	100
	Thema 47	Betriebsaufspaltung	101
	Thema 48	Betriebsverpachtung	104
	Thema 49	Dualismus der Einkunftsarten	105
	Thema 50	Einkommensteuerliche Behandlung von Zuschüssen	107
	Thema 51	Einkünfte aus nichtselbständiger Arbeit	109
	Thema 52	Kapitalertragsteuer	111
	Thema 53	Einlagen und Entnahmen im Steuerrecht	113
	Thema 54	Ertragsteuerliche Behandlung des Nießbrauchs bei Vermietung und Verpachtung	115
	Thema 55	Ertragsteuerliche Behandlung wiederkehrender Bezüge bei Übertragung von Privat- und Betriebsvermögen	117
	Thema 56	Gewerblicher Grundstückshandel	119
	Thema 57	Schuldzinsen im Ertragsteuerrecht	121
	Thema 58	Stille Beteiligung, partiarisches Darlehen	123
	Thema 59	Veräußerungsgewinne im Einkommensteuerrecht	124
	Thema 60	Veräußerung wesentlicher Beteiligungen, § 17 EStG	126

	Thema 61	Wesentliche Betriebsgrundlagen – Bedeutung und Vorkommen im Ertragsteuerrecht	128
6.	**Gesellschafts- und Zivilrecht**		130
	Thema 62	Grundpfandrechte (Entstehung, Erlöschen …)	130
	Thema 63	Güterstand	132
	Thema 64	Insolvenzverfahren	134
	Thema 65	Rechtsfähigkeit, Geschäftsfähigkeit, Deliktsfähigkeit	135
	Thema 66	Zustandekommen schuldrechtlicher Verträge	136
7.	**Gewerbesteuer**		137
	Thema 67	Beginn und Ende der Gewerbesteuerpflicht	137
	Thema 68	Dauerschulden und Dauerschuldzinsen im Gewerbesteuerrecht	139
	Thema 69	Der Gewerbeverlust nach § 10a GewStG	141
	Thema 70	Hinzurechnungen und Kürzungen bei der Ermittlung des Gewerbeertrags	142
8.	**Körperschaftsteuerrecht/Vereinsrecht**		144
	Thema 71	Besteuerung gemeinnütziger Vereine	144
	Thema 72	Ausländische Einkünfte im Körperschaftsteuerrecht	146
9.	**Umsatzsteuerrecht**		147
	Thema 73	Besteuerungsverfahren in der Umsatzsteuer	147
	Thema 74	Differenzbesteuerung nach § 25a UStG	149
	Thema 75	Innergemeinschaftliche Lieferung, § 6a UStG	150
	Thema 76	Kleinunternehmer, § 19 UStG	151
	Thema 77	Option in der Umsatzsteuer	152
	Thema 78	Ort der sonstigen Leistung	154
	Thema 79	Unentgeltliche Wertabgaben	156
	Thema 80	Unternehmer, § 2 UStG	158
	Thema 81	Vorsteuerabzug, § 15 UStG	159
	Thema 82	Vorsteuerberichtigung, § 15a UStG	161

1. Abgabenordnung/Finanzgerichtsordnung

Thema 1 Außenprüfung

Einleitung

Die Finanzbehörden könnten ihrem gesetzlichen Auftrag, eine gleichmäßige und gerechte Besteuerung sicherzustellen (§ 85 AO), kaum nachkommen, wenn ihre Kontrollmöglichkeiten auf das Ermittlungsverfahren vom grünen Tisch aus beschränkt wären. Mit dem Institut der Außenprüfung hat der Fiskus ein wirkungsvolles Instrument in Händen, um die Besteuerungsgrundlagen vor Ort zu prüfen.

- ▶ Bedeutung der Außenprüfung:
  - präventive Wirkung → indem sie die Stpfl. von unzulässigen Steuerverkürzungen abhält
  - Korrektureffekt → Korrektur falscher Steuerfestsetzungen
- ▶ Begriff Außenprüfung umfasst:
  - Betriebsprüfungen, die als „allgemeine Außenprüfung" von den Betriebsprüfungsdiensten durchgeführt werden, und
  - Sonderprüfungen, die für besondere Bereiche (z. B. USt-Sonderprüfung, LSt-Außenprüfung) durchgeführt werden
- ▶ Zuständigkeit für Außenprüfungen i. d. R. Festsetzungsämter bzw. spezielle Prüfungsämter, wie vor allem für die Prüfung von Groß- und Konzernbetrieben
- ▶ Regelungen zur Außenprüfung finden sich in der AO (§§ 193–207 AO, Besonderer Bereich des Ermittlungsverfahrens) und ergänzend in der Betriebsprüfungsordnung (BpO)

Hauptteil

- ▶ Zulässigkeit einer Außenprüfung, § 193 AO
  - uneingeschränkt bei Einkünften aus §§ 13, 15, 18 Abs. 1 Nr. 1 EStG sowie Überschusseinkünfte > $1/2$ Mio. € (§ 193 Abs. 1 AO)
  - bei Verpflichtung zum Steuerabzug (§ 193 Abs. 2 Nr. 1 AO; insbes. Lohnsteuer) oder bei besonderem Aufklärungsbedürfnis (Nr. 2)
  - Verletzung der Auskunftspflicht bei Geschäftsbeziehungen zu ausländischen Finanzinstituten nach § 90 Abs. 2 Satz 3 AO (Nr. 3)
  - zusammen veranlagte Ehegatten: Prüfung der Zulässigkeit einer Außenprüfung für jeden Ehegatten gesondert
- ▶ Umfang der Außenprüfung, §§ 193, 194 AO
  - subjektiv: Personen nach § 193; Personengesellschaft: soweit einheitliche Feststellung betroffen (Entnahmen, Einlagen, Sonderbetriebsausgaben); Dritte: soweit Verpflichtung zum Steuerabzug betroffen (Kontrollmitteilung: § 194 Abs. 3 AO)
  - sachlich: eine/mehrere Steuerarten; alle/bestimmte Sachverhalte

    Prüfung natürlicher Personen nach Maßgabe des § 193 Abs. 1 AO: Einbeziehung auch solcher Einkunftsarten/steuerlicher Verhältnisse, die nicht zum unternehmerischen Bereich gehören
  - zeitlich: ein/mehrere Besteuerungszeiträume; vgl. BpO; Abhängigkeit von Betriebsgrößenklasse; Prüfungszeitraum drei Jahre; Erweiterung möglich

Anschlussprüfung bei Großbetrieben (§ 4 BpO), ansonsten i. d. R. Prüfung dreier zusammenhängender Besteuerungszeiträume (kann vom FA innerhalb Festsetzungsverjährung frei bestimmt werden, regelmäßig letzte drei Veranlagungszeiträume, für die Steuererklärungen vorliegen)

Erweiterung des Prüfungszeitraums, wenn

- mit nicht unerheblichen Nachforderungen/Erstattungen zu rechnen ist (1 500 €)
- Verdacht einer Steuerstraftat besteht

Bei Prüfungen nach § 193 Abs. 2 AO kann Prüfungszeitraum von vornherein mehr als drei Jahre umfassen (keine Beschränkung nach § 4 BpO)

▶ Prüfungsanordnung, §§ 196, 197 AO

Verwaltungsakt (§ 118 AO); Schriftform (§ 196 AO)

Inhalt: Rechtsgrundlage – zu prüfende Steuerarten – zu prüfende bestimmte Sachverhalte – Prüfungszeitraum (§ 5 Abs. 2 BpO) – Prüfungsbeginn – Namen der Prüfer (§ 197 AO) – Rechtsbehelfsbelehrung (§ 196 AO); Bekanntgabe der Prüfungsanordnung (§ 197 AO): Frist 2 – 4 Wochen (§ 5 Abs. 4 BpO); Einspruch möglich (§ 347 Abs. 1 AO)

▶ Durchführung der Außenprüfung, §§ 198 – 202 AO

Beginn (§ 198 AO); Prüfungsgrundsätze (§ 198 AO): Prüfung Besteuerungsgrundlagen – Beschränkung auf das Wesentliche (§ 7 BpO) – rechtliches Gehör (§ 199 Abs. 2 AO), Mitwirkungspflichten (§ 200 AO), Schlussbesprechung (§ 201 AO); Prüfungsbericht (§ 202 AO – kein Verwaltungsakt!)

▶ Abgekürzte Außenprüfung, § 203 AO

Schlussbemerkung

▶ Rechtsfolgen der Außenprüfung

Aufhebung des Vorbehalts der Nachprüfung, § 164 Abs. 1, 3 AO; Ablaufhemmung, § 171 Abs. 4 AO; Änderungssperre, § 173 Abs. 2 AO; verbindliche Zusage, §§ 204 – 207 AO; ggf. Verzinsung, § 233a AO; Selbstanzeige, § 371 Abs. 2 Nr. 1 Buchst. a AO

Thema 2 Aussetzung und Ruhen des Verfahrens i. S. des § 363 AO

Einleitung
- § 363 AO regelt zwei Formen des Verfahrensstillstandes: die Aussetzung und das Ruhen
- Die Vorschrift dient der Verfahrensökonomie

Hauptteil
- Aussetzung des Verfahrens (§ 363 Abs. 1 AO)
  - Vorgreiflichkeit eines anderen Verfahrens (Gericht oder einer Verwaltungsbehörde)
  - Ermessen der Finanzbehörde
  - Beispiel: Verfahren gegen einen Folgebescheid kann so lange ausgesetzt werden, als unklar ist, ob und wie der angefochtene Grundlagenbescheid geändert wird
  - Voraussetzungen:
    - aussetzungsfähiger Verwaltungsakt (Geldleistung, sonstige Leistung, Duldung oder Unterlassung wird verlangt; neben Steuerbescheiden kommen Feststellungsbescheide, Steuermessbescheide, Finanzbefehle oder Verwaltungsakte im Vollstreckungsverfahren in Betracht)
    - Verwaltungsakt muss angefochten sein
    - ernstliche Zweifel an der Rechtmäßigkeit des Verwaltungsakts (summarische Prüfung der Erfolgsaussichten)
    - Vollziehung hätte eine unbillige, nicht durch überwiegende öffentliche Interessen gebotene Härte für den Betroffenen zur Folge
    - auf Antrag
  - Rechtsfolgen:

    Vollziehung (= Umsetzung/Verwirklichung durch die Finanzbehörde) wird aufgeschoben, bis Abschluss des Hauptsacheverfahrens

    Es ergeben sich weiterhin folgende Rechtsfolgen:
    - keine Säumniszuschläge
    - Unterbrechung der Zahlungsverjährung
    - keine Vollstreckung
    - soweit bereits vollzogen worden ist, hat eine Aufhebung der Vollziehung zu erfolgen
    - Aussetzung etwaiger Folgebescheide von Amts wegen
- Ruhen des Verfahrens (§ 363 Abs. 2 AO)
  - Ruhen mit Zustimmung des Einspruchsführers (§ 363 Abs. 2 Satz 1 AO)
    - Ermessen der Finanzbehörde
    - erscheint aus wichtigen Gründen zweckmäßig
    - Beispiele: gleiche Rechtsfrage für die Vorjahre bei Gericht anhängig; Ergebnis einer Außenprüfung soll abgewartet werden

- Zwangsruhen von Einsprüchen (§ 363 Abs. 2 Satz 2 – 4 AO); zur rationellen Abwicklung von Masseneinsprüchen wegen behaupteter Verfassungswidrigkeit einer Steuernorm:
  - Zwangsruhen kraft Gesetzes im Einzelfall (§ 363 Abs. 2 Satz 2 AO)
  - Verfahren wegen Verfassungsmäßigkeit einer Rechtsnorm oder wegen einer Rechtsfrage beim EuGH, BVerfG, obersten Bundesgericht (z. B. BFH) anhängig.
  - keine vorläufige Steuerfestsetzung nach § 165 Abs. 1 Satz 2 Nr. 3 oder 4 AO
  - Hinweis auf „Musterverfahren" durch Einspruchsführer
  - Verfahrensruhe durch Gesetz
  - Zwangsruhen durch Allgemeinverfügung (§ 363 Abs. 2 Satz 3 AO)
  - kein Musterverfahren anhängig
  - Allgemeinverfügung (§ 118 Abs. 2 AO): Ruhen für bestimmte Gruppen gleich gelagerter Fälle
  - Beispiel: Es ist zu erwarten, dass Verfahren durch anstehende gesetzgeberische oder Verwaltungsentscheidung alsbald unstreitig erledigt werden
  - Erledigung von Rechtsbehelfen durch Allgemeinverfügung (§ 367 Abs. 2b AO)
  - Fortsetzung des Einspruchsverfahrens auf Antrag (§ 363 Abs. 2 Satz 4 AO)
▶ Anfechtungsbeschränkung (§ 363 Abs. 3 AO)

Schlussbemerkung
▶ Weitere Möglichkeit einer Verfahrensruhe ist die Unterbrechung:
  - Rückgriff auf die ZPO
  - Beispiele: Tod (§ 239 ZPO); Eröffnung des Insolvenzverfahrens (§ 240 ZPO)
▶ Weitere Möglichkeit des vorläufigen Rechtsschutzes:
  - einstweilige Anordnung (§ 114 FGO)

Thema 3 Haftung im Zivilrecht und Steuerrecht

Einleitung

- Zivilrecht → Einstehen für eine eigene oder fremde Schuld
- Steuerrecht → i. d. R. „Fremdhaftung"

  Zweck: Durchsetzung des einzelnen Steueranspruchs sicherstellen, indem neben dem Steuerschuldner weitere Personen, zum Teil auch Sachen, für die Leistung der Steuerschuld einzustehen haben

- von materiellen Haftungstatbeständen der AO und den Einzelsteuergesetzen sind die Verfahrensvorschriften der §§ 191 ff. AO abzugrenzen
- diese regeln Durchsetzung des Haftungsanspruchs (durch Haftungs- oder Duldungsbescheid)

Hauptteil

- Haftung im Zivilrecht (beispielhaft)
  - § 25 HGB: Erwerb Handelsgeschäft (betriebliche Schulden GewSt, LSt, USt; vertraglicher Haftungsausschluss möglich, § 25 Abs. 2 HGB)
  - § 28 HGB: Eintretender
  - §§ 128, 161 HGB: Gesellschafter OHG/Komplementär KG
  - §§ 421, 427 BGB: Gesellschafter GbR
- Haftung im Steuerrecht (beispielhaft)
  - Abgabenordnung

    §§ 69, 34, 35 AO: Vertreterhaftung (Geschäftsführerhaftung)

    §§ 71, 370, 374 AO: Haftung des Steuerhinterziehers

    § 73 AO: Haftung bei Organschaft (Steuern des Organträgers)

    § 74 AO: Haftung des Eigentümers von Gegenständen

    § 75 AO: Haftung des Betriebsübernehmers

  - Einzelsteuergesetze

    § 42d EStG: Lohnsteuer

    § 25d UStG: Haftung für die schuldhaft nicht abgeführte Steuer

    § 13c UStG: Haftung bei Abtretung, Verpfändung oder Pfändung von Forderungen

- Inanspruchnahme eines zivilrechtlich Haftenden für die Steuerschuld eines anderen: durch Klage vor dem ordentlichen Gericht, § 192 AO; Beispiele:
  - § 765 BGB: Bürgschaft
  - § 305, 328 BGB: Schuldbeitritt
- Haftungsschuldner, Haftungsgrund, Haftungszeitraum und Umfang der Haftung ergibt sich aus jeweiliger Haftungsnorm; so kann Haftung z. B. persönlich wirken (§§ 69, 70, 74 AO), auf bestimmte Steuerarten (z. B. betriebsbedingte Steuern, § 75 AO; § 25 HGB) oder Gegenstände beschränkt sein (übereigneter Betrieb, § 75 AO)
- Haftungstatbestände sind häufig nebeneinander anwendbar

Schlussbemerkung

▶ Inanspruchnahme durch Haftungsbescheid (§ 191 AO): schriftlich; Haftungsschuld nach Steuerart, Betrag und Zeitraum; Zahlungsaufforderung (§ 219 AO); setzt (zu erwartende) erfolglose Inanspruchnahme des Steuerschuldners voraus (Subsidiarität); sonstiger Verwaltungsakt im Sinne der §§ 130, 131 AO

▶ Anfechtung eines Haftungsbescheides durch Einspruch (§ 347 Abs. 1 Nr. 1 AO) bzw. Klage beim Finanzgericht; mögliche Einwendungen gegen einen Haftungsbescheid sind insbesondere:
- Grund und Höhe der Haftung
- Erstschuld (=Steuerschuld) ist streitbefangen
- Ermessensausübung bei Haftungsinanspruchnahme
- Haftungsverjährung etc.

▶ Zahlungsaufforderung (§ 219 AO), gesonderter Verwaltungsakt

Thema 4 Klagearten nach der FGO

Einleitung

Das Grundgesetz garantiert in Art 19 Abs. 4 GG jedem, der durch die öffentliche Gewalt in seinen Rechten verletzt wird, den Rechtsweg einzuschlagen, um seine Rechte weiterverfolgen zu können. Der zulässige Rechtsweg bei Streitigkeiten über Abgabenangelegenheiten ist der Finanzrechtsweg (Art. 19 Abs. 4 Satz 2 GG, § 33 Abs. 1 Nr. 1 FGO), also das Verfahren vor dem Finanzgericht (FG) und ggf. dem Bundesfinanzhof (BFH).

- ▶ Die Statthaftigkeit einer Klage hängt von der Wahl der richtigen Rechtsschutzform (Klagearten) ab.
- ▶ Die FGO unterscheidet zwischen Leistungs-, Gestaltungs- und Feststellungsklagen.

Hauptteil

- ▶ Anfechtungsklage (§ 40 Abs. 1 FGO; häufigste und wichtigste Klageart)
    - Voraussetzung: Abschluss des Vorverfahrens
    - Ziel: Aufhebung oder Änderung eines Verwaltungsaktes (VA)
    - Entscheidung bei Begründetheit: Aufhebung des VA und der Einspruchsentscheidung oder anderweitige Festsetzung des Geldbetrages/Feststellung
    - Besonderheiten: Sprungklage, § 45 FGO: möglich bei Zustimmung des Finanzamts; Zurückweisung an Finanzamt durch Gericht möglich (z. B. weitere Sachaufklärung)
- ▶ Verpflichtungsklage (§ 40 Abs. 1 FGO)
    - Voraussetzung: Abschluss eines Vorverfahrens
    - Ziel: Verurteilung der Behörde zum Erlass eines abgelehnten oder unterlassenen Verwaltungsaktes (z. B. Antragsveranlagung, Stundung)
    - Entscheidung bei Begründetheit: Erlass des VA durch Behörde oder Beachtung bestimmter Rechtsauffassung bei Erlass des VA (bei Ermessen)
- ▶ Leistungsklage (§ 40 Abs. 1 FGO)
    - Voraussetzung: kein Vorverfahren
    - Ziel: Verurteilung der Behörde zu einem „schlichten Verwaltungshandeln" (Leistung besteht nicht im Erlass eines VA; z. B. Akteneinsicht, Erteilung eines Prüfberichts)
    - Entscheidung bei Begründetheit: Verurteilung der Behörde zur Leistung
- ▶ Feststellungsklage (§ 41 Abs. 1 FGO)
    - Voraussetzung: kein Vorverfahren; grundsätzlich subsidiär (§ 41 Abs. 2 FGO)
    - Ziel: Feststellung über (Nicht-)Bestehen eines Rechtsverhältnisses/Nichtigkeit eines VA
    - Entscheidung bei Begründetheit: Ausspruch der begehrten Feststellung
- ▶ Fortsetzungsfeststellungsklage (§ 100 Abs. 1 Satz 4 FGO)
    - Voraussetzung: an sich Fall der Anfechtungs-/Verpflichtungsklage; jedoch hat sich streitiger VA vor Klageerhebung erledigt (z. B. USt-Vorauszahlungsbescheid wurde durch Jahresbescheid „abgelöst")
    - Ziel: Feststellung, dass VA rechtswidrig war
    - Entscheidung bei Begründetheit: Ausspruch der begehrten Feststellung

- Untätigkeitsklage (§ 46 Abs. 1 FGO)
  - Voraussetzung: Einleitung des Vorverfahrens; nicht innerhalb angemessener Frist (i. d. R. etwa sechs Monate) entschieden
  - Ziel: wie bei Anfechtungs-/Verpflichtungsklage
  - Entscheidung bei Begründetheit: entsprechend Anfechtungs-/Verpflichtungsklage

Schlussbemerkung

Vorläufiger Rechtschutz durch bestimmte Antragsarten der FGO (AdV; einstw. Anordnung)

Thema 5 Korrektur von Steuerbescheiden, § 173 AO

Einleitung

- ▶ § 173 AO: Korrektur von Steuerbescheiden aufgrund nachträglich bekannt gewordener Tatsachen/Beweismittel; eine der wichtigsten Berichtigungsvorschriften in der Praxis
- ▶ kein §§ 164, 165 AO

Hauptteil

- ▶ Steuerbescheide sind aufzuheben/zu ändern, soweit Tatsachen/Beweismittel nachträglich bekannt werden, die
  1. zu einer höheren Steuer führen
  2. zu einer niedrigeren Steuer führen, sofern Steuerpflichtigen kein grobes Verschulden am nachträglichen Bekanntwerden trifft
     - Steuerbescheide: auch gleichgestellte Bescheide (z. B. Feststellungsbescheide)
     - Tatsachen/Beweismittel:

       alles, was Merkmal/Beleg für Erfüllung eines (steuer-)gesetzlichen Tatbestandes sein kann (z. B. Einnahmen, Ausgaben, ...; Auskünfte, Urkunden diesbezüglich)

       zu den Tatsachen gehören auch innere Tatsachen (z. B. die Absicht, Einkünfte bzw. Gewinne zu erzielen), die nur anhand äußerer Merkmale (Hilfstatsachen) festgestellt werden können
     - nachträgliches Bekanntwerden: Tatsachen/Beweismittel haben bei Erlass des Bescheides bereits bestanden, werden Finanzverwaltung jedoch erst nach abschließender Zeichnung bekannt; maßgebend Kenntnis der zuständigen Dienststelle, z. B. Veranlagungsbezirk
     - höhere/niedrigere Steuer: Anwendung der Einzelsteuergesetze
     - niedrigere Steuer/grobes Verschulden am nachträglichen Bekanntwerden: Vorsatz/grobe Fahrlässigkeit, abhängig von persönlichen Kenntnissen/Fähigkeiten; Verschulden z. B. immer gegeben, wenn
     - Hinweise in Erklärungsvordrucken unberücksichtigt bleiben
     - Steuererklärung erst nach Schätzung eingereicht wird.
- ▶ Ausnahme zum groben Verschulden: unmittelbarer Zusammenhang mit Tatsachen nach Nr. 1 (§ 173 Abs. 1 Nr. 2 Satz 2 AO); Beispiel: stpfl. Einnahmen werden nachträglich bekannt, diesbezüglich entstandene Ausgaben werden berücksichtigt (Verlust möglich)
- ▶ Änderungssperre nach Außenprüfung, § 173 Abs. 2 AO

Schlussbemerkung

Zwei selbständige Berichtigungsvorschriften; Punktberichtigung; Saldierung von Rechtsfehlern nach § 177 AO

Nach dem Grundsatz von Treu und Glauben kann das FA – auch wenn es von einer rechtserheblichen Tatsache oder einem rechtserheblichen Beweismittel nachträglich Kenntnis erhält – daran gehindert sein, einen Steuerbescheid nach § 173 Abs. 1 Nr. 1 zuungunsten des Steuerpflichtigen zu ändern. Hat der Steuerpflichtige die ihm obliegenden Mitwirkungspflichten in zumutbarer Weise erfüllt, kommt eine Änderung nach § 173 Abs. 1 Nr. 1 AO nicht in Betracht, wenn die spätere Kenntnis der Tatsache oder des Beweismittels auf einer Verletzung der dem FA obliegenden Ermittlungspflicht beruht. Das FA braucht den Steuererklärungen nicht mit Misstrauen zu begegnen, sondern darf regelmäßig von deren Richtigkeit und Vollständigkeit ausgehen; veranlagt es aber trotz bekannter Zweifel an der Richtigkeit der Besteuerungsgrundlagen endgültig, so ist eine spätere Änderung der Steuerfestsetzung nach dem Grundsatz von Treu und Glauben ausgeschlossen. Zum Umfang der Ermittlungspflicht des Finanzamts vgl. auch AEAO zu § 88 AO.

HINWEIS

weitere ausführliche Anmerkungen zur Berichtigungsvorschrift im Anwendungserlass zur AO (AEAO) zu § 173 AO

Thema 6 Korrekturvorschrift, § 129 AO

Einleitung

▶ Durch § 129 AO können offensichtliche Unrichtigkeiten bei Erlass eines Verwaltungsaktes berichtigt werden

▶ maßgeblich ist das von der Finanzverwaltung Gewollte, nicht das offensichtlich unrichtig Erklärte

Hauptteil

▶ Anwendungsbereich: alle wirksam bekannt gegebenen Verwaltungsakte (Steuerbescheide, Bescheid über Stundung, Erlass, …)

▶ Voraussetzungen
  – Schreibfehler: schriftliche Willensäußerung weicht ungewollt (versehentlich) von der Willensbildung ab = mechanisches Versehen; z. B. Tippfehler, Zahlendreher.
  – Rechenfehler: Fehlleistung beim Vollzug mathematischer Operationen = mechanischer Fehler; z. B. Additions-, Subtraktionsfehler.
  – ähnliche offenbare Unrichtigkeiten:

  ähnliche Fehler wie Schreib- oder Rechenfehler = Abweichung zwischen Willensbildung und Willensäußerung außerhalb rechtlicher Erwägung, d. h. Falschäußerung beruht auf einem mechanischen Versehen (Flüchtigkeit, Unachtsamkeit). Offenbar ist die Unrichtigkeit, wenn sie durchschaubar, eindeutig oder augenfällig ist.

BEISPIEL:

▶ ähnliche offenbare Unrichtigkeit – ja: falsches Ablesen der Tabelle; Nichterfassen einer eindeutig vorliegenden und vom Bearbeiter bearbeiteten Einkunftsart; Eingeben einer falschen Kennziffer; Übersehen eines im BP-Bericht klar dargestellten und rechtlich unzweifelhaften Punktes bei der Auswertung;

▶ ähnliche offenbare Unrichtigkeit – nein: Finanzamt geht infolge mangelnder Sachaufklärung von einem falschen Sachverhalt aus.

▶ „beim Erlass eines Verwaltungsaktes": Behördenfehler (Fehler des Finanzamtes); Übernahmefehler (offensichtliche Unrichtigkeit in der Erklärung für die Finanzbehörde klar erkennbar; mechanischer Fehler des Stpfl. bei der Steueranmeldung)

▶ Punktberichtigung (nur die Unrichtigkeit selbst)

▶ Ermessensvorschrift mit Berichtigungszwang (wegen § 85 AO)

▶ Zeitliche Beschränkung: Steuerbescheide → Festsetzungsverjährung; sonstige Verwaltungsakte → evtl. Verwirkung; Zahlungsverjährung; beachte besondere Ablaufhemmung nach § 171 Abs. 2 AO

▶ Rechtsbehelf: Einspruch sowohl gegen die Berichtigung als auch gegen die Ablehnung eines Antrages auf Berichtigung statthaft

Schlussbemerkung

Falls dem Steuerpflichtigen eine offenbare Unrichtigkeit unterlaufen ist, die auch nicht als „Übernahmefehler" gem. § 129 AO zu berichtigen ist, könnte § 173 Abs. 1 AO eingreifen. Bei Irrtümern des täglichen Lebens ist nicht von einem groben Verschulden i. S. des § 173 Abs. 1 Nr. 2 AO auszugehen.

Vgl. hierzu auch § 153 AO – Berichtigung von Erklärungen

Thema 7 Steuergeheimnis, § 30 AO

Einleitung
- Steuergeheimnis schützt Interessen des Steuerpflichtigen bzw. Dritter
- soll die Gleichmäßigkeit der Besteuerung sicherstellen
- besonderer Schutz erforderlich, da Finanzbehörde Einblick sowohl in berufliche als auch in persönliche Verhältnisse der Steuerpflichtigen erhält

Hauptteil
- Amtsträger haben das Steuergeheimnis zu wahren, § 30 Abs. 1 AO:
  - Personenkreis nach § 7 AO: insbesondere Beamte, Richter
  - Erweiterung nach § 30 Abs. 3 AO um gleichstehende Personen wie z. B. Sachverständige
- Verletzung des Steuergeheimnisses durch unbefugtes Offenbaren/Verwerten von Verhältnissen eines anderen/Betriebs-, Geschäftsgeheimnisse, die in Ausübung der beruflichen Tätigkeit bekannt geworden sind, § 30 Abs. 2 AO:
  - Offenbaren: nicht nur in Wort oder Schrift, auch schlüssiges Verhalten möglich (Offenbarungswille unerheblich)
  - Verwerten: materieller Vorteil aus Nutzung insbes. von Betriebs-, Geschäftsgeheimnissen
  - Unbefugt: Rechtfertigungsgründe in Abs. 4 und 5 abschließend genannt (z. B. dient Besteuerung, gesetzlich zugelassen …)
  - Verhältnisse eines anderen: steuerlich erhebliche Tatsachen, wie auch höchst persönliche Sachverhalte wie z. B. familiäre Verhältnisse, Krankheiten, Religion, politische Einstellung usw.
  - Betriebs-, Geschäftsgeheimnisse: alles was für ein Unternehmen Bedeutung hat und nach Willen des Unternehmers geheim gehalten werden soll (auch Bilanz, Kalkulation, Rezepte …)
  - Dienstlich bekannt geworden: im Verwaltungsverfahren (Steuerfestsetzung, Vollsteckung, Rechtsbehelf …), Strafverfahren oder sonst durch Mitteilung der Finanzbehörde

Schlussbemerkung

Die Verletzung des Steuergeheimnisses kann, wenn ein entsprechender Nachweis in der Praxis gelungen ist, verschiedene Folgen haben: strafrechtliche bei Vorsatz (Freiheitsstrafe/Geldstrafe)/zivilrechtliche (Schadenersatz)/disziplinarrechtliche (Beamte)/arbeitsrechtliche (Angestellte).

Besonderheit § 30a AO – Schutz von Bankkunden

Grenzen des Steuergeheimnisses

- Mitteilung von Besteuerungsgrundlagen (§ 31 AO)
- Mitteilungen zur Bekämpfung der illegalen Beschäftigung und des Leistungsmissbrauchs (§ 31a AO)
- Mitteilungen zur Bekämpfung der Geldwäsche und der Terrorismusfinanzierung (§ 31b AO)
- Zinsinformationsverordnung i. S. v. § 45e EStG
- Kontenabfrage nach § 24c KWG, § 93b AO
- Datenzugriff, § 147 Abs. 6 AO

Thema 8 Steuerfahndung – Aufgaben und Befugnisse

Einleitung

Aufgaben und Befugnisse geregelt in § 208 AO

Hauptteil

▶ Aufgaben der Steuerfahndung; § 208 Abs. 1 Satz 1, Abs. 2 AO

— § 208 Abs. 1 Satz 1 AO:

Nr. 1: Erforschung von Steuerstraftaten und -ordnungswidrigkeiten

Anfangsverdacht erforderlich (§ 152 Abs. 2 StPO); Steuerstraftat vgl. §§ 369 ff. AO; Steuerordnungswidrigkeit vgl. § 377 Abs. 2 AO, §§ 47, 53 OWiG (hier besteht das Opportunitätsprinzip)

Nr. 2: Ermittlung der Besteuerungsgrundlagen der in Nr. 1 bezeichneten Fälle

Anfangsverdacht erforderlich (wie in Nr. 1); Ermittlung aus verfahrentechnischer Sicht zweckmäßig

Nr. 3: Aufdeckung und Ermittlung unbekannter Steuerfälle (sog. „Vorfeldermittlung")

Möglichkeit einer steuerstrafbaren oder steuerbußgeldbewehrten Handlung erforderlich (hinreichender Anlass)

— § 208 Abs. 2 AO (Initiative der Finanzbehörde):

Nr. 1: Ersuchen (z. B. durch die Außenprüfung)

Nr. 2: Tätigwerden aufgrund einer Übertragung (durch Verwaltungsanweisung); z. B. Subventionsbetrug nach § 264 StGB im Zusammenhang mit dem InvZulG

▶ Befugnisse der Steuerfahndung; § 208 Abs. 1 Satz 2 und 3; (Abs. 3) AO

— § 208 Abs. 1 Satz 2 AO:

steuerstrafrechtliche Befugnisse (sog. „Ermittlungsbefugnis"), § 404 Satz 2 AO i. V. mit § 399 Abs. 2 Satz 2 AO und § 110 Abs. 1 StPO: insbesondere: Beschlagnahme, Notveräußerung, Durchsuchung, Verhaftung

— § 208 Abs. 1 Satz 3:

schneller Zugriff (diverse Verfahrensvorschriften finden hier keine Anwendung): direktes Auskunftsersuchen an Dritte (§ 93 Abs. 1 Satz 3 AO); auch mündliche Auskunft (§ 93 Abs. 2 Satz 2 AO); Vorlageverlangen auch ohne Zweifel der Richtigkeit/Vollständigkeit der Auskunft des Steuerpflichtigen (§ 97 Abs. 2 AO); Vorlage von Urkunden auch ohne Einverständnis des Steuerpflichtigen (§ 97 Abs. 3 AO)

Mitwirkungspflichten des Steuerpflichtigen:

wie bei der Außenprüfung (§ 200 Abs. 1 Satz 1, 2; Abs. 2; Abs. 3 Satz 1, 2 AO sinngemäß); keine Zwangsmittel, die den Steuerpflichtigen belasten würde (§ 393 Abs. 1 Satz 2 AO)

Schlussbemerkung

§ 208 Abs. 3 AO grenzt die Regelung des § 208 Abs. 1, 2 AO von den originären Aufgaben und Befugnisse der Finanzämter ab:

- ▶ Steuerfahndung und Finanzämter bestehen grundsätzlich nebeneinander und unabhängig voneinander
- ▶ Steuerfahndung hat keine ausschließliche Ermittlungszuständigkeit
- ▶ keine Bindung von Steuerfahndung und Finanzämtern an bereits vorliegende Ergebnisse der anderen Stelle

Thema 9 Straftatbestände in der Abgabenordnung

Einleitung

Der Gesetzgeber sieht zum Schutz des allgemeinen Interesses am Steueraufkommen einzelner Steuern und der Einhaltung der Steuergesetze diverse Straf- und Bußgeldtatbestände im Abgabenrecht vor. Es wird im Folgenden zwischen Straftatbeständen und Ordnungswidrigkeiten unterschieden.

- Steuerstraftaten (§§ 369 – 376 AO, Allgemeiner Teil des StGB): Ahndung durch Geld- oder Freiheitsstrafe
- Ordnungswidrigkeiten (§ 377 – 384 AO, Erster Teil des OWiG): Ahndung durch Geldbuße

Hauptteil

- Steuerhinterziehung, § 370 AO
  - „Grundform" (vorsätzliches Begehungs-/Unterlassungsdelikt):
    1. Objektiver Tatbestand:
    - unrichtige/unvollständige Angaben; pflichtwidriges Unterlassen
    - gegenüber Finanzbehörde
    - dadurch Steuern verkürzt/Steuervorteil erlangt (Kausalität zwischen Tathandlung und Tatorfolg; Erfolgsdelikt, jedoch auch Versuch ist strafbar § 370 Abs. 2 AO)
    2. Subjektiver Tatbestand: vorsätzliches Handeln (mit Wissen und Wollen); kein Vorsatz bei Tatbestands-, Verbotsirrtum (§§ 16, 17 StGB)
    3. Rechtswidrigkeit (i. d. R. erfüllt bei Verwirklichung des objektiven Tatbestandes)
    4. schuldhaftes Handeln
    5. ggf. Straffreiheit durch Selbstanzeige (§ 371 AO): Berichtigung/Ergänzung/Nachholung unrichtiger/unterlassener Angaben und Zahlung hinterzogener Steuern; Ausschluss der Selbstanzeige nach Abs. 2
    6. Strafandrohung: bis 5 Jahre Freiheitsstrafe oder Geldstrafe; schwerer Fall (z. B. Mithilfe eines Amtsträgers, bandenmäßige Steuerhinterziehung) 6 Monate – 10 Jahre Freiheitsstrafe (§ 370 Abs. 3 AO)
  - Besondere Begehungsweisen: mittelbare Täterschaft, Mittäterschaft, Beihilfe, Anstiftung
- Bannbruch, § 372 AO: Einfuhr/Ausfuhr von Gegenständen
- gewerbsmäßiger Schmuggel, § 373 AO
- Steuerhehlerei, § 374 AO

Schlussbemerkung

- Folgen der Steuerhinterziehung:
  - Haftung, § 71 AO
  - Korrektur ggf. § 172 Abs. 1 Nr. 2 Buchst. c, § 173 Abs. 1 Nr. 1 AO
  - Festsetzungsverjährung: 10 Jahre, § 169 Abs. 2 Satz 2 AO; Ablaufhemmung, § 171 Abs. 5, 7, 9 AO
  - Verzinsung, § 235 AO (Steuerhinterziehung)

- Abgrenzung:
  - Steuerordnungswidrigkeiten (§ 377 AO) = Zuwiderhandlungen, die mit Geldbuße geahndet werden können
  - §§ 378 – 383a AO enthalten im Wesentlichen die entsprechenden Zuwiderhandlungen; nach § 377 Abs. 2 AO gelten die Vorschriften des ersten Teils des Ordnungswidrigkeitengesetzes, soweit abgabenrechtliche Bußgeldvorschriften dem nicht entgegen stehen
- Neuerung bei der Selbstanzeige durch das Schwarzgeldbekämpfungsgesetz vom 15.4.2011:
  - keine Strafbefreiung mehr bei Teilselbstanzeigen
  - keine Möglichkeit der Selbstanzeige mehr nach Bekanntgabe einer Bp-Anordnung
  - Bei Hinterziehungen mit einem Verkürzungsbetrag (bezogen auf den einzelnen VZ) > 50 000 € kann Straffreiheit (bei Vorliegen aller sonstigen Voraussetzungen) nur erreicht werden, wenn eine „freiwillige" Zahlung von 5 % der insoweit verkürzten Steuer geleistet wird.

Thema 10 Vertrauensschutz im Steuerrecht

Einleitung

§ 176 AO: Änderungssperre bei Korrektur von Steuerbescheiden

Hauptteil

▶ Steuerbescheide können zuungunsten des Steuerpflichtigen nicht aufgehoben/geändert werden, soweit
   1. das Bundesverfassungsgericht die Nichtigkeit eines Gesetzes feststellt,
   2. ein oberster Gerichtshof eine Norm aufgrund Verfassungswidrigkeit nicht anwendet,
   3. sich die Rechtsprechung eines obersten Gerichtshofes zuungunsten des Steuerpflichtigen ändert (nicht FG-Rechtsprechung),
   4. ein oberster Gerichtshof Verwaltungsanweisungen (insbes. Richtlinien, Schreiben des BMF oder der Länder; nicht OFD-Verfügungen) für fehlerhaft hält (Abs. 2).

▶ § 176 AO greift nur bei Änderungen, nicht bei erstmaliger Steuerfestsetzung

Schlussbemerkung

▶ Umkehrschluss für Finanzverwaltung nicht möglich; günstigere Rechtsprechung/Rechtsentwicklung kann in offenen Fällen zur Anwendung kommen
▶ Anwendung insbes. bei Steuerfestsetzung mit Nebenbestimmung §§ 164, 165 AO und Berichtigung insbes. auch nach § 173 AO
▶ weitere Regelungen zum Vertrauensschutz:
   – Grundsatz von Treu und Glauben

     allgemeiner Rechtsgrundsatz; insbes. bei verbindlichen Zusagen (§§ 204– 207 AO) und im Falle der Verwirkung (Finanzbehörde hat klar zu verstehen gegeben, dass mit Nachforderung nicht zu rechnen ist)

   – rechtskräftige Urteile
   – Bindung hinsichtlich des Streitgegenstandes nach § 110 Abs. 1 FGO
   – ggf. auch erhöhte Bestandskraft (Ableitung aus § 367 Abs. 2 AO); Bindung der Behörde an frühere Rechtsauffassung, wenn diese im Einspruchsverfahren bereits geprüft wurde
▶ § 176 AO gibt keinen Anspruch auf Änderung eines bestandskräftigen Steuerbescheides zugunsten des Stpfl.

Thema 11 Vollstreckungsmöglichkeiten der Finanzverwaltung wegen Geldforderungen

Einleitung

Wenn ein Schuldner eine geschuldete Leistung nicht freiwillig erbringt, gibt unsere Rechtsordnung dem Gläubiger die Möglichkeit, seinen Anspruch durch den Einsatz hoheitlicher Machtmittel zwangsweise durchzusetzen. Dies wird unter dem Begriff „Zwangsvollstreckung" zusammengefasst. Bei der Zwangsvollstreckung ist zu **unterscheiden** zwischen der **Verwaltungs**zwangsvollstreckung und der **zivilrechtlichen** Zwangsvollstreckung. Die Finanzbehörden können ihre Verwaltungsakte, mit denen eine Geldleistung oder eine sonstige Handlung gefordert wird, im Verwaltungsvollstreckungsverfahren selbst vollstrecken (§ 249 Abs. 1 Satz 1 AO). Demgegenüber erfordert das zivilrechtliche Vollstreckungsverfahren einen (Schuld-)Titel (§ 704 Zivilprozessordnung – ZPO –) und eine (Vollstreckungs-)Klausel (§ 724 ZPO) und damit auch die Einschaltung der Zivilgerichte. Als Vollstreckungsorgane kommen der Gerichtsvollzieher (beispielsweise für die Pfändung beweglicher Sachen) und/oder das Gericht (z. B. für die Pfändung von Forderungen) in Betracht.

- 6. Teil der AO regelt die Verwaltungsvollstreckung
- wegen Geldforderungen (§§ 249 ff.; 259 ff. AO); wegen anderer Leistungen (§§ 328 – 335 AO)

Hauptteil

- Voraussetzungen, §§ 249 – 267 AO:
  - vollstreckbarer Verwaltungsakt, §§ 249, 251 AO (Ausnahme: Säumniszuschläge/Zinsen, § 254 Abs. 2 AO)
  - kein Vollstreckungshindernis wie z. B. Aussetzung der Vollziehung (§ 361 AO/§ 69 FGO), Verjährung oder Stundung – §§ 251, 257 AO
  - Fälligkeit des Anspruchs (Leistungsgebot); Ablauf der Schonfrist (eine Woche), § 254 Abs. 1 AO
  - Mahnung (Sollvorschrift), § 259 AO
- Vollstreckungsmöglichkeiten, §§ 281 – 323 AO:
  - Forderungen (Arbeitseinkommen, Forderungen …), §§ 281, 309 ff. AO: durch Pfändungs- und Einziehungsverfügung (ebenso bei anderen Vermögensrechten, § 321 AO, wie z. B. bei Nießbrauch)
  - bewegliches Vermögen (Sachen/Wertpapiere), §§ 281, 285 ff. AO: durch Pfändung (Wegnahme/Pfandsiegel) körperlicher Gegenstände durch den Vollziehungsbeamten; Verwertung, § 296 ff. AO, i. d. R. durch den Vollziehungsbeamten; unpfändbare Sachen (Existenzminimum, persönlicher Gebrauch), § 295 i. V. mit ZPO
  - unbewegliches Vermögen (im Wesentlichen Grundstücke), § 322 AO, §§ 864 ff. ZPO: durch Antrag beim Amtsgericht auf Eintragung Zwangshypothek/Zwangsversteigerung/Zwangsverwaltung
- Vollstreckung erscheint/bleibt aussichtslos: einstweilige Einstellung/Beschränkung der Vollstreckung (§ 258 AO; davon abzugrenzen: Niederschlagung, § 261 AO: verwaltungsinterne Maßnahme; kein Erlöschen des Anspruchs, Fälligkeit bleibt bestehen)

Thema 11

Schlussbemerkung
- ▶ Rechtsbehelfe/Abwehrmöglichkeiten
  - Anfechtung des zu vollstreckenden Verwaltungsakts, § 256 AO
  - Einspruch gegen Maßnahmen der Zwangsvollstreckung, § 347 AO
  - Antrag auf Einstellung/Beschränkung der Vollstreckung, §§ 257, 258 AO
  - Einwendungen Dritter (Drittwiderspruch), §§ 262, 293 AO
  - Aufteilung der Gesamtschuld, §§ 268–280 AO
- ▶ Kosten der Vollstreckung (§§ 337–346 AO)

Thema 12 Vorläufiger Rechtsschutz in AO/FGO

Einleitung

▶ Aussetzung der Vollziehung (AdV) → bei Anfechtung von VA

▶ einstweilige Anordnung (eA) → Fälle der Verpflichtungsklage, sonstige Leistungsklage, Feststellungsklage

Die „Aussetzung der Vollziehung" setzt einen vollziehbaren Verwaltungsakt voraus. In anderen Fällen kommt die „einstweilige Anordnung" nach § 114 FGO in Betracht.

Hauptteil

▶ Aussetzungsverfahren (§ 361 AO; § 69 FGO)
  - grundsätzlich keine Hemmung (Suspensiveffekt) durch Erhebung von Einspruch/Klage im Steuerrecht (§ 361 Abs. 1 AO; § 69 Abs. 1 FGO)
  - erfolgt durch Aussetzung der Vollziehung (für die Zukunft)/Aufhebung der Vollziehung (für die Vergangenheit)

▶ Voraussetzungen (im behördlichen und gerichtlichen Verfahren gleich!):
  - angefochtener Verwaltungsakt (Einspruch bzw. Klage/Revision)
  - vollziehbarer Verwaltungsakt: z. B. Steuerbescheide, Feststellungs- und Steuermessbescheide, Prüfungsanordnungen, Verwaltungsakte im Vollstreckungsverfahren
  - sachliche Voraussetzung: ernstliche Zweifel (→ summarische Prüfung über die Aussichten des in der Hauptsache eingelegten Rechtsbehelfes) oder unbillige Härte (→ durch den sofortigen Vollzug könnten schwer wieder gutzumachende wirtschaftliche Nachteile entstehen oder wirtschaftliche Existenz wäre gefährdet)
  - Aussetzung von Amts wegen (Rechtsbehelf offensichtlich begründet) oder auf Antrag

▶ Ermessen der Behörde (im Interesse des Steuerpflichtigen auszuüben); Sicherheitsleistungen möglich

▶ Verfahrensweg:
  - Grundsätzlich zunächst AdV-Antrag beim Finanzamt (§ 361 Abs. 2 AO; § 69 Abs. 2 AO); Ausnahme: direkt zum FG bei Untätigkeit des FA oder drohender Vollstreckung (§ 69 Abs. 3 FGO)
  - Wahlrecht gegen die Ablehnung des Antrages auf AdV durch FA (auch kumulativ möglich): entweder Einspruchsverfahren und bei Erfolglosigkeit § 69 Abs. 3 FGO-Antrag an FG oder direkt § 69 Abs. 3 FGO-Antrag an FG; Beschwerde zum BFH (§ 128 Abs. 1, 2 FGO)

▶ einstweilige Anordnung (§ 114 FGO)

▶ Eilsache zur Regelung eines vorläufigen Zustandes

  Voraussetzungen:
  - Antrag an FG
  - Anordnungsanspruch: Sicherungsanordnung (Abs. 1 Satz 1); Regelungsanordnung (Abs. 1 Satz 2)
  - Anordnungsgrund = Notwendigkeit einer Regelung durch das FG
  - keine Vorwegnahme der Entscheidung in der Hauptsache

Thema 12

Verfahren:
- Eilentscheidung durch den Senatsvorsitzenden beim FG möglich (§ 114 Abs. 2 FGO); Beschwerde zum BFH (§ 128 Abs. 1, 2 FGO)

Schlussbemerkung

eA und AdV schließen sich gegenseitig aus (§ 114 Abs. 5 FGO)

Thema 13 Widerstreitende Steuerfestsetzung, § 174 AO

Einleitung

§ 174 AO kommt bei Kollisionsfällen (unterschiedliche steuerliche Schlussfolgerungen aus einem Sachverhalt, die sich nach materiellem Steuerrecht denkgesetzlich ausschließen) zur Anwendung.

Hauptteil

- Arten von Kollisionsfällen:

Zeitkollision (z. B. Betriebseinnahme wird sowohl in 01 als auch in 02 erfasst); Subjektkollision (z. B. Einkünfte aus V + V werden sowohl dem A als auch dem B zugerechnet); Objektkollision (z. B. das Finanzamt unterwirft einen Sachverhalt sowohl der Einkommen- als auch der Schenkungsteuer); Zuständigkeitskollision (z. B. das Finanzamt A und das Finanzamt B erlassen gegenüber einem Steuerpflichtigen den gleichen Steuerbescheid).

- Die Kollisionsfälle können positiv (Doppelberücksichtigung), aber auch negativ (keinerlei Berücksichtigung) ausgerichtet sein:
- positiver Widerstreit (§ 174 Abs. 1, 2 AO)
  - mehrfache Berücksichtigung eines Sachverhalts zuungunsten des/der Steuerpflichtigen, Abs. 1
    - in mehreren (Steuer-)Bescheiden
    - nach materiellem Steuerrecht nur einmalige Berücksichtigung zulässig (Kollisionsfälle)
    - Antrag des Steuerpflichtigen (Änderung wirkt sich zu seinen Gunsten aus!)
    - Rechtsfolge: der fehlerhafte Bescheid ist zu korrigieren
    - Beispiel: Ansatz derselben Betriebseinnahme in verschiedenen Veranlagungszeiträumen (Zeitkollision); die falsch erfasste Einnahme kann gemäß § 174 Abs. 1 AO berichtigt werden.
  - mehrfache Berücksichtigung eines Sachverhaltes zugunsten des/der Steuerpflichtigen, Abs. 2
    - entsprechend Abs. 1
    - Antrag des Steuerpflichtigen ist nicht erforderlich
    - alleinige oder überwiegende Verursachung durch Antrag oder Erklärung des Steuerpflichtigen
    - Beispiel: ein Steuerpflichtiger erklärt für verschiedene Veranlagungszeiträume dieselben Werbungskosten, die das Finanzamt in die Bescheide auch übernimmt; die falsch erfassten Werbungskosten können gemäß § 174 Abs. 2 AO berichtigt werden
- negativer Widerstreit (§ 174 Abs. 3 – 5 AO)
  - Irrtümliche Nichtberücksichtigung eines Sachverhaltes, Abs. 3
    - Nichtberücksichtigung in für den Steuerpflichtigen erkennbaren Annahme der Berücksichtigung in einem anderen Steuerbescheid

- Rechtsfolge: Berichtigung der unrichtigen Steuerfestsetzung
- Beispiel: das Finanzamt berücksichtigt eine Betriebseinnahme nicht in 02, da es irrig davon ausgeht, diese sei in dem Steuerbescheid 01 korrekt und tatsächlich erfasst; gemäß § 174 Abs. 3 AO kann der Steuerbescheid 02 geändert werden
- Änderung aufgrund Rechtsbehelf/Antrag, Abs. 4 und 5
    - durch Stattgabe eines Begehrens des Steuerpflichtigen „verschwindet" ein bestimmter Sachverhalt
    - Rechtsfolge: Richtige steuerliche Folgerungen können gezogen werden.
    - Beispiel: das Finanzamt berücksichtigt einen Veräußerungsgewinn fälschlicherweise in 02 statt in 01; der Steuerpflichtige erwirkt eine Berichtigung für 02; das Finanzamt kann gemäß § 174 Abs. 4 AO die unanfechtbare Festsetzung des Jahres 01 ändern
    - Abs. 5 betrifft den Sonderfall der Drittwirkung steuerrechtl. Folgen
▶ Besondere Ablaufhemmungen in den einzelnen Absätzen

Schlussbemerkung

Im Regelfall greifen bei den oben dargestellten Kollisionsfällen die Korrekturvorschriften wie die §§ 129, 172, 173 AO nicht.

Thema 14 Zinsen in der Abgabenordnung

Einleitung

§§ 233–239 AO: Ansprüche aus dem Steuerschuldverhältnis (§ 37 AO; nicht steuerliche Nebenleistungen, § 3 Abs. 3 AO; nicht Kirchensteuer, KiStG der Länder).

Hauptteil

- ▶ Nachzahlungs-, Erstattungszinsen (§ 233a AO-Vollverzinsung)
  - Ausgleich der Vor-, Nachteile später Steuerfestsetzung
  - verzinst wird Abschlusszahlung/Erstattungsbetrag
  - Zinslauf beginnt 15 Monate nach Entstehung der Steuer, er endet mit Wirksamkeit der Steuerfestsetzung (Bekanntgabe).
- ▶ Stundungszinsen (§ 234 AO)
  - verzinst wird gestundeter Betrag für Dauer der Stundung
- ▶ Hinterziehungszinsen (§ 235 AO)
  - verzinst wird hinterzogener Betrag (Nachzahlungsbetrag, kein Kompensationsverbot i. S. des § 370 Abs. 4 Satz 3 AO)
  - Zinslauf beginnt mit Eintritt der Steuerverkürzung (i. d. R. = Wirksamkeit erstmaliger – fehlerhafter – Steuerfestsetzung) und endet mit Fälligkeit
  - Zinsschuldner = derjenige, zu dessen Vorteil Steuern hinterzogen wurden (Abschöpfung des wirtschaftlichen Vorteils)
- ▶ Prozesszinsen (§ 236 AO)
  - verzinst wird die Erstattung aufgrund gerichtlicher Entscheidung
  - Zinslauf beginnt mit Rechtshängigkeit und endet mit Auszahlung
  - Verzinsung nach § 233a AO geht vor (insbes. Bedeutung für die 15-monatige Karenzzeit und Überschreitung der vierjährigen Laufzeit)
- ▶ Aussetzungszinsen (§ 267 AO i. V. mit § 361 AO, § 69 FGO)
  - verzinst wird Nachzahlung für die Dauer der Aussetzung

Schlussbemerkung

- ▶ Zinsberechnung/Zinsfestsetzung (§§ 238, 239 AO)
  - Zinslauf je nach Zinsnorm; Prinzip der „Sollverzinsung"
  - Abrundung auf den nächsten durch 50 € teilbaren Betrag
  - Zinshöhe: 0,5 % je Zinsmonat (nur volle Monate)
  - Zinsbescheid; Änderung/Einspruch; Festsetzungsfrist: 1 Jahr
  - i. d. R. keine Auswirkung nachträglicher Änderung der Steuerfestsetzung (Ausnahme: § 233a AO)
- ▶ Erstattungszinsen i. S. v. § 233a EStG sind gem. § 20 Abs. 1 Nr. 7 Satz 2 EStG Erträge aus Kapitalvermögen (es bestehen verfassungsrechtliche Zweifel)

Thema 15   Datenzugriff der Finanzverwaltung

Einleitung

Nach § 147 Abs. 6 AO ist der Finanzbehörde das Recht eingeräumt, die mit Hilfe eines Datenverarbeitungssystems erstellte Buchführung des Steuerpflichtigen durch Datenzugriff zu prüfen. Diese Prüfungsmethode tritt neben die Möglichkeit der herkömmlichen Prüfung. Das Recht auf Datenzugriff steht der Finanzbehörde nur im Rahmen steuerlicher Außenprüfungen zu. Durch die Regelungen zum Datenzugriff wird der sachliche Umfang der Außenprüfung nicht erweitert. Er wird weiterhin durch die Prüfungsanordnung (§ 196 AO) bestimmt. Gegenstand der Prüfung sind wie bisher nur die nach § 147 Abs. 1 AO aufbewahrungspflichtigen Unterlagen.

§ 147 Abs. 6 AO beinhaltet auch keine Verpflichtung, die Buchführung in jedem Fall elektronisch zu erstellen. Die Buchführung in Papierform, z. B. Journalbuchführung, ist auch weiterhin zulässig.

Hauptteil

- ▶ Umfang und Ausübung des Rechts auf Datenzugriff nach § 147 Abs. 6 AO
    - ausschließlich auf Daten beschränkt, die für die Besteuerung von Bedeutung sind (sog. steuerlich relevante Daten)
    - Daten der Finanzbuchhaltung, der Anlagenbuchhaltung und der Lohnbuchhaltung
    - soweit sich auch in anderen Bereichen des Datenverarbeitungssystems steuerlich relevante Daten befinden, sind diese durch den Steuerpflichtigen nach Maßgabe seiner steuerlichen Aufzeichnungs- und Aufbewahrungspflichten zu qualifizieren und für den Datenzugriff in geeigneter Weise vorzuhalten
- ▶ Finanzbehörde stehen nach dem Gesetz drei Möglichkeiten zur Verfügung; Auswahl nach pflichtgemäßen Ermessen; falls erforderlich, kann sie auch mehrere Möglichkeiten in Anspruch nehmen:
    1. Nur-Lesezugriff („unmittelbarer Datenzugriff")
        - unmittelbarer Zugriff auf das Datenverarbeitungssystem durch die Finanzbehörde
        - Nur-Lesezugriff = Einsicht in die gespeicherten Daten
        - Nutzung der vom Steuerpflichtigen/von einem beauftragten Dritten eingesetzten Hard- und Software zur Prüfung der gespeicherten Daten
        - schließt eine Fernabfrage (Online-Zugriff) auf das Datenverarbeitungssystem des Steuerpflichtigen durch die Finanzbehörde aus
        - Nur-Lesezugriff umfasst das Lesen, Filtern und Sortieren der Daten ggf. unter Nutzung der im Datenverarbeitungssystem vorhandenen Auswertungsmöglichkeiten
    2. Mittelbarer Datenzugriff
        - Finanzbehörde kann vom Steuerpflichtigen verlangen, dass er an ihrer Stelle die Daten nach ihren Vorgaben maschinell auswertet oder von einem beauftragten Dritten maschinell auswerten lässt, um den Nur-Lesezugriff durchführen zu können (mittelbarer Datenzugriff)

- maschinelle Auswertung unter Verwendung der im Datenverarbeitungssystem des Steuerpflichtigen oder des beauftragten Dritten vorhandenen Auswertungsmöglichkeiten

3. Datenträgerüberlassung
   - in der Praxis am häufigsten – Datenträgerüberlassung
   - gespeicherte Unterlagen werden auf einem maschinell verwertbaren Datenträger zur Auswertung überlassen (Datenträgerüberlassung)
   - Datenträger ist spätestens nach Bestandskraft der aufgrund der Außenprüfung ergangenen Bescheide an den Steuerpflichtigen zurückzugeben oder zu löschen

▶ Mitwirkungspflicht nach § 147 Abs. 6 und § 200 Abs. 1 Satz 2 AO

Steuerpflichtiger hat die Finanzbehörde bei Ausübung ihres Rechts auf Datenzugriff zu unterstützen (§ 200 Abs. 1 AO) dazu notwendigen Hilfsmittel/notwendige Personal unentgeltlich zur Verfügung zu stellen

der Finanzbehörde sind zusammen mit den gespeicherten Unterlagen und Aufzeichnungen alle zur Auswertung der Daten notwendigen Informationen (z. B. über die Dateistruktur, die Datenfelder sowie interne und externe Verknüpfungen) in maschinell auswertbarer Form zur Verfügung zu stellen

Schlussbemerkung

▶ Grundsatz der Verhältnismäßigkeit

Rechte aus § 146 Abs. 6 AO kann Finanzbehörde für alle nach dem 1.1.2002 beginnenden Außenprüfungen in Anspruch nehmen, grundsätzlich unabhängig davon, welche Jahre die Prüfung umfasst

insbesondere für Wirtschaftsjahre, die vor dem 1.1.2002 enden ist Grundsatz der Verhältnismäßigkeit zu beachten (Archivierung)

▶ Problemfall in der Praxis: Was sind „steuerlich relevante Daten"?

(Kosten-Leistungs-Rechnung, Daten des Warenwirtschafts- und des Materialwirtschaftssystems, in PC- oder Scannerkassen gespeicherten Daten, Unterlagen zur Bewertung von Eigenleistungen, Ein- und Ausfuhrunterlagen, Aufsichtsrats- und Vorstandsprotokolle, Preisverzeichnisse, Daten der Lohnabrechnung, Bestellunterlagen, Mahnvorgänge, …)

HINWEIS:

Verlagerung der EDV-gestützten Buchführung in EU- bzw. EWR-Staaten, § 146 Abs. 2a AO

2. Bilanzsteuerrecht/Handelsrecht

Thema 16 Abgrenzung Betriebsvorrichtungen vom Grundvermögen

Einleitung

Abgrenzung wichtig hinsichtlich der Rechtsfolgen bei verschiedenen Steuern (u. a. ESt, USt, GrSt) und Investitionszulagen. Bei Betriebsvorrichtungen auf eigenen Grundstücken fällt die Abgrenzungsentscheidung bei der Feststellung des Einheitswertes für das Grundstück.

Hauptteil

- ▶ Betriebsvorrichtungen
  - Definition: Maschinen und sonstige Vorrichtungen, die zu einer Betriebsanlage gehören/ mit denen ein Gewerbe unmittelbar betrieben wird, auch wenn es sich um wesentliche Gebäudebestandteile handelt, § 68 Abs. 2 Nr. 2 BewG
  - zentrale Abgrenzungsfrage: Dient der Bestandteil der Nutzung des Gebäudes ohne Blick auf das betriebene Gewerbe oder wird das Gewerbe mit der Vorrichtung unmittelbar betrieben?
  - Nutzung ist anhand der allgemeinen Grundsätze zu den Gebäudemerkmalen zu klären: Schutz gegen Witterungseinflüsse durch räumliche Umschließung, Aufenthaltsmöglichkeit für Menschen (Temperatur, Lärmpegel, Gefährdung), feste Verbindung mit Grund und Boden (Fundament), Beständigkeit und Standfestigkeit (Gebäude darf bei Entfernen der Betriebsvorrichtung nicht einstürzen). Sind sämtliche Merkmale des Gebäudebegriffs erfüllt, handelt es sich nicht um eine Betriebsvorrichtung, sondern um Grundbesitz
  - Beispiele für Abgrenzungsprobleme: Alarmanlagen, Aufzüge, Be- und Entwässerungsanlagen, Be- und Entlüftungsanlagen usw. Hilfe bei Abgrenzungsproblemen Abschnitt 4.12.10 UStAE (Vermietung von Betriebsvorrichtungen) sowie zahlreiche BMF-Schreiben bzw. gleich lautende Erlasse der obersten Finanzbehörden der Länder (insbes. gleich lautende Ländererlasse vom 15. 3. 2006, BStBl 2006 I 314)
- ▶ Wesentliche Folgen aus der Eigenschaft als Betriebsvorrichtung
  - Abschreibung nach den Grundsätzen für selbständige und bewegliche Wirtschaftsgüter,
  - keine Grundsteuer,
  - keine Umsatzsteuerfreiheit für Vermietung und Verpachtung sowie bei Veräußerung,
  - kein Grundstück i. S. des GrEStG,
  - begünstigtes Investitionsgut i. S. des InvZulG.

Schlussbemerkung

Entscheidung über Zuordnung hat erhebliche Auswirkung auf steuerrelevante Tatbestände. Insbesondere bei Zweifelsfragen ist daher eine sehr genaue Prüfung der Abgrenzung vorzunehmen.

Hilfestellung dabei bietet vor allem umfangreiche Rechtsprechung zu diesem Bereich, welche Problematik der Abgrenzung belegt; darüber hinaus existieren eine Reihe von OFD-Verfügungen und Erlassen, aus denen die Verwaltungsauffassung für nahezu alle denkbaren Konstellationen ersichtlich ist.

Thema 17 Abgrenzung Erhaltungs- und Herstellungsaufwand

Einleitung

Abgrenzung wesentlich, da Erhaltungsaufwand sofort abzugsfähig; Herstellungsaufwand kann nur im Rahmen von Abschreibungen für die Nutzungsdauer des hergestellten Wirtschaftsguts berücksichtigt werden.

Bedeutung der Abgrenzung insbesondere bei Gebäuden von Bedeutung (daher Schwerpunkt des Kurzvortrags)

Hauptteil

▶ Herstellungsaufwand

Güterverbrauch/Inanspruchnahme von Diensten für Herstellung, Erweiterung oder für eine über ursprünglichen Zustand hinausgehende wesentliche Verbesserung eines Vermögensgegenstandes (§ 255 Abs. 2 Satz 1, Abs. 3 HGB).

Solange das Gebäude noch nicht fertiggestellt, das Wirtschaftsgut also noch nicht entstanden ist, wird die Möglichkeit von sofort abziehbarem Erhaltungsaufwand von vornherein verneint. Herstellungskosten bilden daher insbesondere Aufwendungen zur Beseitigung von während der Herstellung auftretenden Baumängeln, selbst wenn sie erst nach der Fertigstellung des Gebäudes behoben werden. Sind die Baumängel erst nach der Fertigstellung entstanden, führt ihre Behebung zu Erhaltungsaufwand. Die Beweislast hierfür trägt freilich der Steuerpflichtige.

Erweiterung und damit Herstellungskosten auch bei Einbau einer Alarmanlage, Markise, eines Kamins (**Einbau von etwas Neuem**, bisher nicht Vorhandenem; **Substanzvermehrung**; bei **Funktionsgleichheit** mit bisherigem, ersetzten Bestandteil des Wirtschaftsguts jedoch **Erhaltungsaufwand**)

▶ Erhaltungsaufwand

Aufwendungen für den Erhalt/die Wiederherstellung der Substanz/Nutzbarkeit eines Vermögensgegenstandes (auch bei Erneuerung bereits vorhandener Teile, Einrichtungen, Anlagen)

Bei **Erneuerung** von **Gebäudeteilen** ist im Zweifel Erhaltungsaufwand anzunehmen, R 21.1 Abs. 1 Satz 1 EStR.

Herstellungskosten sind nicht schon deshalb gegeben, weil an sich als Erhaltungsaufwand zu beurteilende Aufwendungen **in ungewöhnlicher Höhe** zusammengeballt in einem Jahr entstehen.

▶ Abgrenzungsprobleme (v. a. bei Gebäuden)
  - insbesondere bei Frage der Wesentlichkeit von Verbesserungen (wesentlich = Aufwendungen gehen über den reinen zeitgemäßen Substanzerhalt hinaus, mit der Folge: Erhöhung des Gebrauchswerts, erweiterte Nutzungsmöglichkeit)
  - Prüfung wesentlicher Verbesserung innerhalb von drei Jahren nach Anschaffung des Gebäudes bei Aufwendungen zur Instandsetzung/Modernisierung von mehr als 15 % der Anschaffungskosten (vorläufige Steuerfestsetzung), Hinweis § 6 Abs. 1 Nr. 1a EStG (anschaffungsnahe Herstellungskosten)
  - Instandsetzung nach Vollverschleiß: Herstellung eines neuen Wirtschaftsguts => Herstellungskosten

Schlussbemerkung

BMF-Schreiben vom 18.7.2003 (BStBl 2003 I 386) bezüglich der Abgrenzung von Herstellungs- und Erhaltungsaufwendungen bei Instandsetzung und Modernisierung von Gebäuden.

Ob Herstellungsaufwand vorliegt, ist bei bestehenden Gebäuden im Allgemeinen nur zu prüfen, wenn es sich um verhältnismäßig hohe Aufwendungen handelt. Betragen die Aufwendungen für die einzelne Baumaßnahme nicht mehr 4 000 € (Rechnungsbetrag ohne USt) je Gebäude, so ist auf Antrag dieser Aufwand stets als Erhaltungsaufwand zu behandeln (R 21.1 Abs. 2 EStR). Bei räumlich voneinander getrennt vorgenommenen Bauarbeiten kann der Grenzbetrag nach der Praxis mehrfach ausgenutzt werden.

Thema 18 Abgrenzungsmerkmale Anlage- und Umlaufvermögen

Einleitung

Zuordnung von Vermögensgegenständen zum Anlagevermögen (AV) oder Umlaufvermögen (UV) wichtig wegen Auswirkung z. B. auf Ansatz in der Bilanz, Bewertung, Abschreibungsmöglichkeiten.

Hauptteil

▶ Anlagevermögen
  - Definition: alle Gegenstände, die dem Geschäftsbetrieb dauernd dienen sollen (§ 247 Abs. 2 HGB); Dies richtet sich nach Funktion und wirtschaftlicher Bedeutung für das Betriebsvermögen. Entscheidend dafür sind
  - planmäßig wiederholte betriebliche Nutzung,
  - tatsächliche Verwendung im Unternehmen sowie
  - funktional dauernde Nutzung für den allgemeinen Geschäftszweck.
  - Beispiele: Betriebsgrundstücke, Maschinen, Fuhrpark, auch auf Dauer angelegte Firmenbeteiligungen
  - Das Anlagevermögen bestimmt sich grundsätzlich nach den handelsrechtlichen Rechnungslegungsvorschriften. Handelsgesetzliche Regelungen finden sich in den §§ 247 ff.; § 266 Abs. 2 HGB. Einkommensteuergesetzliche Regelungen finden sich in § 4 Abs. 1, Abs. 3 Satz 4 ff.; § 5 Abs. 1 ff.; § 6; §§ 6b, 6c, 7, 7g, 7h, 7i EStG. Sie werden in der EStR sowie den EStH näher erläutert.
  - Einteilung: immaterielle Vermögensgegenstände (entgeltlich erworbener Geschäfts- oder Firmenwert), Sachanlagen, Finanzanlagen (§ 247 Abs. 2 HGB und § 266 Abs. 2 HGB), bewegliche – unbewegliche Vermögensgegenstände, abnutzbare – nicht abnutzbare Vermögensgegenstände, geringwertige Wirtschaftsgüter/Sammelposten

▶ Umlaufvermögen
  - Definition: alle Gegenstände, die dem Geschäftsbetrieb nicht dauerhaft dienen, sondern nur kurzfristig im Unternehmen verbleiben, weil sie z. B. zum Verbrauch (Rohstoffe) oder Verkauf (Handelsware) bestimmt sind (Umkehrschluss zu § 247 Abs. 2 HGB)
  - Einteilung: Vorräte, Forderungen und sonstige Vermögensgegenstände, Wertpapiere (sofern keine langfristigen Anlagen) und liquide Mittel (§ 266 Abs. 2 HGB)

▶ Folgen der Zuordnung
  - Bilanzgliederung: AV wird wegen der geringeren Liquidierbarkeit vor dem UV ausgewiesen
  - Anlagengitter: Kapitalgesellschaften müssen in der Bilanz oder im Anhang die Entwicklung der einzelnen Posten des AV darstellen (Anlagengitter oder Anlagenspiegel, § 268 Abs. 2 HGB)
  - Bewertung/Abschreibung: Möglichkeit der Gruppen- und Festbewertung bei AV/UV sowie Bewertung nach Verbrauchs-/Veräußerungsfolge bei UV. Ermittlung AK/HK bei UV mit Durchschnitts-/retrograder Ermittlung möglich. AV/UV sind grundsätzlich mit AK/HK vermindert um eventuelle Abschreibungen anzusetzen. Planmäßige Abschreibungen nur bei

abnutzbaren Vermögensgegenständen des AV. Strenges Niederstwertprinzip für Umlaufvermögen (§ 253 Abs. 1, 4, 5 HGB i. d. F. des BilMoG, Übernahme in Steuerbilanz aufgrund formeller Maßgeblichkeit, § 5 Abs. 1 Satz 2 EStG; Wertaufholungsgebot, § 6 Abs. 1 Nr. 2 Satz 2, 3 EStG)

- steuerliche Vergünstigungen für Sachanlagevermögen: Übertragung stiller Reserven nach Maßgabe des §§ 6b, 6c EStG oder R 6.6 EStR
- steuerliche Besonderheit beim Umlaufvermögen: Bewertung nach last-in-first-out-Verfahren, § 6 Abs. 1 Nr. 2a EStG (Vorteil insbes. bei steigenden Preisen)

Neuerung durch das BilMoG

Das BilMoG lässt Abweichungen von der Handelsbilanz zu, wenn im Rahmen der Ausübung eines steuerlichen Wahlrechts ein anderer Ansatz gewählt wird. In diesem Fall sind die Wirtschaftsgüter, die nicht mit dem handelsrechtlich maßgeblichen Wert in der steuerlichen Gewinnermittlung ausgewiesen werden, in besondere, laufend zu führende Verzeichnisse aufzunehmen (§ 5 Abs. 1 Satz 2, 3 EStG i. d. F. des BilMoG), wie z. B. die Wahl der steuerrechtlich nicht zulässigen Fifo-Bewertungsmethode in der Handelsbilanz.

Schlussbemerkung

Wesentliches Abgrenzungskriterium ist die Zweckbestimmung (dauerhaft oder nicht dauerhaft dem Betrieb dienen) des Vermögensgegenstandes. Wesentliche Folgen der Zuordnung insbesondere für Bewertungs-/Abschreibungsmethoden, aber auch für Finanzierungskosten (Finanzierung von Anlagevermögen ist vom begrenzten Schuldzinsenabzug nach § 4 Abs. 4a Satz 5, 6 EStG nicht betroffen). Abgrenzungsprobleme: z. B. Zeitpunkt des Wechsels von Anlage- zu Umlaufvermögen.

Thema 19 Abschreibungen im Handelsrecht

Einleitung

Abschreibungen dienen zum einen der Verteilung der Anschaffungs- oder Herstellungskosten von abnutzbaren Vermögensgegenständen über die Zeit der wirtschaftlichen Nutzung. Zusätzlich können außerplanmäßige Wertminderungen von Vermögensgegenständen durch Abschreibungen berücksichtigt werden. Abschreibungen betreffen damit den Wertansatz von Vermögensgegenständen in der Handelsbilanz (§ 253 Abs. 1 Satz 1 HGB: „Vermögensgegenstände sind höchstens mit AK/HK, vermindert um Abschreibungen ... anzusetzen.").

Hauptteil

▶ gesetzliche Grundlagen
 − wesentliche Aussagen in § 253 Abs. 3 – 5 HGB
 − keine steuerrechtlichen Abschreibungen im Handelsrecht mehr (vormals § 254 HGB); Ursache: Abschaffung umgekehrter Maßgeblichkeit (§ 5 Abs. 1 EStG i.d.f. des BilMoG); diesbezüglich weicht Handelsrecht stärker als zuvor vom Steuerrecht ab

▶ planmäßige und außerplanmäßige Abschreibungen
 − planmäßige Abschreibungen (§ 253 Abs. 3 Satz 1HGB): bei abnutzbaren Vermögensgegenständen des Anlagevermögens zur Verteilung der AK/HK auf die voraussichtliche Nutzungsdauer; Abschreibungsmethoden: linear, degressiv, Leistungsabschreibung.
 − außerplanmäßige Abschreibungen des Anlagevermögens bei vorübergehender Wertminderung nur noch bei Finanzanlagen zulässig (§ 253 Abs. 3 Satz 4 HGB)
 − außerplanmäßige Abschreibungen bei voraussichtlich dauernder Wertminderung (§ 253 Abs. 3 Satz 3 HGB): bei allen Vermögensgegenständen möglich zur Anpassung der Buchwerte an gesunkene Marktwerte (beizulegender Wert, Börsen- oder Marktpreis); Abschreibung zwingend für Anlagevermögen bei voraussichtlich dauernder Wertminderung und immer für Wertminderungen im Umlaufvermögen (§ 253 Abs. 4 HGB);
 − nach außerplanmäßiger Abschreibung mussten Einzelkaufleute, PersGes und Genossenschaften handelsrechtlich bisher keine Zuschreibung vornehmen, wenn Gründe für die Abschreibung weggefallen waren; Wertaufholung bei Anlage-/Umlaufgütern konnte freiwillig erfolgen; für Kapitalgesellschaften galt Zuschreibungswahlrecht nicht
 − neues Bilanzrecht schreibt Wertaufholung für alle Kaufleute vor (§ 253 Abs. 5 Satz 1 HGB n. F.); Ausnahme: Geschäfts- oder Firmenwert (§ 253 Abs. 5 Satz 2 HGB n. F.)
 − Abschreibungen des Anlage- oder Umlaufvermögens im Rahmen vernünftiger kaufmännischer Beurteilung nicht mehr zulässig; Gleiches gilt für Abschreibungen des Umlaufvermögens auf nahen Zukunftswert zur Antizipation künftiger Wertschwankungen; beide Formen der außerplanmäßigen Abschreibung kennt das Steuerrecht nicht, so dass mit Abschaffung im Handelsrecht Angleichung an Steuerrecht vollzogen wird

Schlussbemerkung

Wichtiges Instrument der Bilanzpolitik.

Durch das BilMoG wurde § 5 Abs. 1 EStG geändert. Die umgekehrte („formelle") Maßgeblichkeit ist durch Streichung des § 5 Abs. 1 Satz 2 EStG a. F. aufgehoben worden. Das Maßgeblichkeitsprinzip in § 5 Abs. 1 Satz 1 EStG („materielle Maßgeblichkeit") ist um den Zusatz „es sei denn, im Rahmen der Ausübung eines steuerlichen Wahlrechts wird oder wurde ein anderer Wertansatz gewählt" ergänzt worden. Nach dem neuen § 5 Abs. 1 Satz 1 EStG ist für den Schluss des Wirtschaftsjahrs das Betriebsvermögen anzusetzen (§ 4 Abs. 1 Satz 1 EStG), das nach den handelsrechtlichen Grundsätzen ordnungsmäßiger Buchführung auszuweisen ist, es sei denn, im Rahmen der Ausübung eines steuerlichen Wahlrechts wird oder wurde ein anderer Ansatz gewählt.

Folgen der Neuregelung

Die Neuregelung hat die Konsequenz, dass Wahlrechte, die nur steuerrechtlich bestehen, nach § 5 Abs. 1 Satz 2 EStG n. F. unabhängig vom handelsrechtlichen Wertansatz ausgeübt werden können. Die Ausübung des steuerlichen Wahlrechts ist nunmehr unabhängig vom handelsrechtlichen Wertansatz (§ 5 Abs. 1 Satz 1 Halbsatz 1 EStG) möglich. Folge: Die Abschreibungsbeträge und damit die Wertansätze in Handels- und Steuerbilanz können voneinander abweichen.

Thema 20 Anhang und Lagebericht

Einleitung

▶ Anhang und Lagebericht als Instrumente für zusätzliche Informationen, die sich nicht aus der Bilanz oder der Gewinn- und Verlustrechnung ergeben. Darstellung eines den tatsächlichen Verhältnissen entsprechendes Bildes der Vermögens-, Finanz- und Ertragslage der Gesellschaft (§ 264 Abs. 2 Satz 2, 3 HGB)

▶ Vorschriften gelten nur für Kapitalgesellschaften und sog. Kapital und Co. Gesellschaften (Anhang als zusätzlicher [notwendiger] Teil des Jahresabschlusses, § 264 Abs. 1 Satz 1 HGB, § 264a HGB); kleine Kapitalgesellschaften müssen keinen Lagebericht aufstellen (§ 264 Abs. 1 Satz 4 HGB)

Hauptteil

▶ Anhang
  - § 284 HGB: Anhang als Ort für Angabepflichten/-wahlrechte, die in anderen Paragrafen genannt sind (z. B. §§ 265, 268, 269, 274, 277 HGB); spezielle Angabepflichten: Bilanzierungs- und Bewertungsmethoden (auch Abweichungen), Grundlagen der Währungsumrechnung, erhebliche Unterschiede bei Gruppenbewertung, Einbezug von Fremdkapitalzinsen in Herstellungskosten (§ 284 Abs. 2 Nr. 5 HGB)
  - § 285 HGB (sonstige Pflichtangaben): z. B. langlaufende/besicherte Verbindlichkeiten, sonstige finanzielle Verpflichtungen, Zahl der Arbeitnehmer, Bezüge/Vorschüsse/Kredite an Führungspersonen, Geschäftsführungs-/Aufsichtsratsmitglieder mit Namen, Anteilsbesitz
  - Möglichkeiten des Unterlassens von Angaben durch § 286 HGB
  - Erleichterungen bei der Aufstellung für kleine und mittlere Unternehmen durch § 288 HGB
  - kein Gliederungsschema vorgeschrieben, allg. Grundsatz der Klarheit und Übersichtlichkeit (§ 243 Abs. 2 HGB)

▶ Lagebericht (§ 289 HGB)
  - Muss-Vorschriften (Abs. 1): Darstellung des Geschäftsverlaufs, der Lage der Gesellschaft und der möglichen Risiken der künftigen Entwicklung
  - Sollvorschriften (Abs. 2): Vorgänge von besonderer Bedeutung nach dem Geschäftsjahr, voraussichtliche Entwicklung, Forschung/Entwicklung, bestehende Zweigniederlassungen
  - Hinweis auf Sanktionen, § 331 Nr. 1, § 334 Nr. 3 HGB
  - Teilberichte denkbar/möglich wie z. B. Wirtschaftsbericht, Risikobericht, Prognosebericht
    ...
  - Prüfungspflicht (§ 316 HGB), Offenlegungspflicht (§ 325 HGB)

Schlussbemerkung

Die Aufgaben von Anhang und Lagebericht fließen an der Grenze der vergangenheitsbezogenen Rechnungslegung zur zukunftsbezogenen Lageberichterstattung ineinander über. Generell kann man aber folgende Unterscheidung treffen:

Thema 20

Lagebericht	Anhang
▶ Angaben zum Geschäftsverlauf und zur Lage des Unternehmens	▶ Erläuterung der Bilanz und der Gewinn- und Verlustrechnung durch zusätzliche Angaben
▶ Informationen über den Geschäftsverlauf, Geschäftsergebnis und die Lage des Unternehmens	▶ Teil des Jahresabschlusses, welcher der Rechnungslegung dient

Problem des Interessenkonflikts: Erfüllung der gesetzlichen Norm – möglichst geringe Informationsweitergabe an Dritte, z. B. Gläubiger, Lieferanten.

Auch freiwillig erstellter „Anhang" muss Mindestanforderungen der §§ 284, 285 HGB erfüllen (wichtig für Bezeichnung der „Erläuterungen" zur Bilanz und Gewinn- und Verlustrechnung).

Zunehmende Bedeutung angesichts Kreditvergabepraxis („Basel II/III").

Thema 21 Beteiligungen in der Handels- und Steuerbilanz

Einleitung

- ▶ Handelsrecht
  - § 271 Abs. 1 HGB
  - „Beteiligungen sind Anteile an anderen Unternehmen, die bestimmt sind, dem eigenen Geschäftsbetrieb durch Herstellung einer dauernden Verbindung zu jenen Unternehmen zu dienen. Dabei ist es unerheblich, ob die Anteile in Wertpapieren verbrieft sind oder nicht."
  - "Als Beteiligung gelten im Zweifel Anteile an einer Kapitalgesellschaft, die insgesamt den 5. Teil des Nennkapitals dieser Gesellschaft überschreiten."
  - § 271 Abs. 2 HGB
  - Definition der verbundenen Unternehmen, stellen dem Grunde nach ebenfalls Beteiligungen dar
  - Gliederung der Bilanz nach § 266 HGB
    - Beteiligungen: Aktivseite

      Anlagevermögen

      III. Finanzanlagen

      Nr. 3 Beteiligungen
    - getrennter Ausweis der Anteile an verbundenen Unternehmen unter Nr. 1 der Position A III
    - daher Unterscheidung zwischen Beteiligungen an verbundenen Unternehmen und sonstigen Beteiligungen für die Bilanzgliederung
- ▶ Steuerrecht
  - keine Definition
  - § 6 Abs. 1 Nr. 2 EStG regelt die Bewertung (keine „regulären" Absetzungen für Abnutzung möglich)
  - Besonderheit: Beteiligung an Personengesellschaften (OHG, KG, GbR),
    - handelsrechtlich:

      Beteiligungen an Personengesellschaften = Beteiligungen (u. U. an verbundenen Unternehmen)
    - steuerlich:

      i. d. R. Mitunternehmerschaften

      erst werden die Einkünfte der Personengesellschaft festgestellt und dann den Gesellschaftern für Besteuerungszwecke zugewiesen, unabhängig davon, ob die Anteile an der Personengesellschaft Privat- oder Betriebsvermögen sind

      Berücksichtigung nur des festgestellten Gewinn- oder Verlustanteils aus der Personengesellschaft

Hauptteil

▶ Ausweis und Gliederung

- Anlagevermögen

- Anhang zum Jahresabschluss der Kapitalgesellschaft

- Angabepflicht nach § 285 Nr. 11 HGB; beachte jedoch Vereinfachung nach § 286 Abs. 3 HBG (Unterlassen von Angaben, wenn Beteiligungsbesitz von untergeordneter Bedeutung oder Nachteil durch Angabe zu erwarten ist)

▶ Bewertung

- Anschaffungs- oder Herstellungskosten

- Handelsrecht: § 253 Abs. 1 Satz 1 HGB

- Steuerrecht: § 6 Abs. 1 Nr. 2 Satz 1 EStG

- außerplanmäßige Abschreibungen **können** nach § 253 Abs. 3 Satz 4 HGB vorgenommen werden, wenn den Beteiligungen am Abschlussstichtag ein Wert beizulegen ist, der unter den Anschaffungskosten oder dem letzten Bilanzansatz liegt und voraussichtlich *keine dauernde Wertminderung* vorliegt. Bei einer *voraussichtlich dauernden Wertminderung* **sind** die außerplanmäßigen Abschreibungen oder Wertberichtigungen vorzunehmen (§ 253 Abs. 3 Satz 3 HGB).

Die Vornahme einer außerplanmäßigen Abschreibung in der Handelsbilanz ist nicht zwingend in der Steuerbilanz durch eine Teilwertabschreibung nachzuvollziehen; der Steuerpflichtige kann darauf auch verzichten; damit kommt es zu unterschiedlichen Wertansätzen in Handels- und Steuerbilanz.

Voraussetzung für das **steuerrechtliche Wahlrecht,** eine handelsrechtliche Teilwertabschreibung nicht durchzuführen, ist die Aufnahme der Beteiligungen, die nicht mit dem handelsrechtlichen maßgeblichen Wert in der steuerlichen Gewinnermittlung ausgewiesen werden, in besondere, laufend zu führende Verzeichnisse. Die **Verzeichnisse** sind Bestandteil der Buchführung. Sie müssen nach § 5 Abs. 1 Satz 3 EStG den Tag der Anschaffung, die Anschaffungskosten, die Vorschrift des ausgeübten steuerlichen Wahlrechts und die vorgenommene Abschreibung enthalten. Des Weiteren ist eine Korrektur nach § 60 Abs. 2 EStDV durchzuführen.

- Gemäß § 253 Abs. 5 HGB kann ein aufgrund außerplanmäßiger Abschreibungen gewählter niedriger Bilanzansatz dann nicht beibehalten werden, wenn die Gründe dafür nicht mehr bestehen. Es besteht ein generelles Zuschreibungsgebot bei Wegfall der Abwertungsgründe einer nach § 253 Abs. 3 Satz 3 HGB vorgenommenen außerplanmäßigen Abschreibung., Teilwertabschreibung

„Teilwertvermutung": Richtigkeit des Ansatzes mit den Anschaffungs- oder Herstellungskosten

▶ Widerlegung:

Vergleichsrechnung zwischen effektivem Wert der Beteiligung und Buchwert zum aktuellen Stichtag

- ▶ Bewertungsmethode:
  - Bewertung nach dem Substanzwert:
    - Wiederbeschaffungskosten der betriebsnotwendigen Wirtschaftsgüter der Kapitalgesellschaft
  - Bewertung nach dem Ertragswert:
    - künftiger Durchschnittsertrag
- ▶ Gewinnermittlung
  - Korrekturen „außerhalb der Bilanz"
    - Beteiligung (an der Kapitalgesellschaft) im einkommensteuerlichem Betriebsvermögen, § 3c Abs. 2 EStG beachten (Teileinkünfteverfahren, § 3 Nr. 40 EStG)
    - Korrektur im körperschaftsteuerlichen Betriebsvermögen nach Maßgabe des § 8b Abs. 2, 3 KStG

Schlussbemerkung
- ▶ Bilanzposition „Beteiligungen" als bilanzpolitische Spielwiese in der Handelsbilanz
  - Beteiligungsbewertung immer im Grunde = Unternehmensbewertung
  - wertbeeinflussend: zukünftige Entwicklungen, damit Ermessensspielräume und Schätzungsintervalle hinsichtlich künftiger Einnahmen und Ausgaben

Thema 22 Bilanzberichtigung und Bilanzänderung

Einleitung

- Bilanzberichtigung: Ersatz eines falschen durch einen richtigen Bilanzansatz (§ 4 Abs. 2 Satz 1 EStG)
- Bilanzänderung: Ersatz eines zulässigen Bilanzansatzes durch einen anderen zulässigen Bilanzansatz (bei Vorliegen von Bewertungswahlrechten), § 4 Abs. 2 Satz 2 EStG

Hauptteil

- Bilanzberichtigung
  - Voraussetzung: Wertansatz für Wirtschaftsgut in der Bilanz ist unrichtig (= verstößt gegen Vorschriften des EStG, HGB oder die Grundsätze ordnungsmäßiger Buchführung)
  - Grundsatz für die Berichtigung: Unrichtiger Bilanzansatz ist bis zur Fehlerquelle zu berichtigen, sofern nicht Bestandskraft oder Verjährung des betreffenden Steuerbescheides eingetreten ist; Fälle: Steuerfestsetzung ist noch nicht erfolgt, Steuerfestsetzung steht unter dem Vorbehalt der Nachprüfung oder ist insoweit vorläufig, Änderungsmöglichkeiten bestandskräftiger Bescheide vorhanden (§§ 172 ff. AO, insbes. neue Tatsachen nach § 173 AO). Bilanzberichtigung ohne Auswirkung auf die Höhe veranlagter Steuer (erfolgsneutrale Bilanzberichtigung) auch bei Bestandskraft der betreffenden Steuerfestsetzungen möglich (z. B. erfolgsneutrale Ausbuchung eines unbebauten Grundstücks des Privatvermögens bei zu Unrecht erfolgter Bilanzierung)
  - grds. Wahlrecht (§ 4 Abs. 2 Satz 1 EStG); beachte jedoch § 153 Abs. 1 Nr. 1 i.V. mit § 90 Abs. 1 AO: Verpflichtung zur Bilanzberichtigung, wenn Fehler zu einer Steuerverkürzung führen kann
  - wenn Berichtigung bis zur Fehlerquelle nicht möglich: erfolgswirksame Berichtigung des unrichtigen Bilanzansatzes in der ersten änderbaren Schlussbilanz, sofern Bilanzierungsfehler noch vorliegt
  - Durchbrechung des Grundsatzes des Bilanzenzusammenhangs unter folgenden Bedingungen möglich: Aktivposten/Passivposten wurden bewusst zu hoch/niedrig ausgewiesen, um beachtlichen Steuervorteil zu erlangen
- Bilanzänderung
  - Voraussetzungen: Wahlrecht für verschiedene Wertansätze von Wirtschaftsgütern vorhanden, und Änderung steht in engem zeitlichen und sachlichen Zusammenhang mit einer Bilanzberichtigung
  - Begrenzung der Gewinnänderung auf Höhe der Gewinnauswirkung durch Bilanzberichtigung
  - Beispiel: Gewinnerhöhung durch Betriebsprüfung infolge Aktivierung von Betriebsausgaben (nachträgliche AK/HK), Abschreibung linear; Bilanzberichtigung zwecks Ansatz degressiver Abschreibung oder Sonderabschreibung
- Neuerung ab 2010 durch das BilMoG
- In Ausübung eines steuerlichen Wahlrechts kann ein von der Handelsbilanz abweichender Ansatz gewählt werden. Die Maßgeblichkeit der Handelsbilanz für die Steuerbilanz ist damit durchbrochen. Voraussetzung für die Ausübung steuerlicher Wahlrechte ist, dass die Wirt-

schaftsgüter, die nicht mit dem handelsrechtlich maßgeblichen Wert in der steuerlichen Gewinnermittlung ausgewiesen werden, in besondere, laufend zu führende Verzeichnisse aufgenommen werden. In den Verzeichnissen sind der Tag der Anschaffung oder Herstellung, die Anschaffungs- oder Herstellungskosten, die Vorschrift des ausgeübten steuerlichen Wahlrechts und die vorgenommenen Abschreibungen nachzuweisen. An der steuerlichen Anerkennung der Bilanzänderung nach § 4 Abs. 2 Satz 2 EStG hat sich nichts geändert.

Schlussbemerkung

▶ Fragen der Bilanzberichtigung/Bilanzänderung v. a. im Rahmen von Betriebsprüfungen wichtig. Besonderes Problemfeld: Berichtigungstechnik.

▶ BMF-Schreiben zur Anwendung von BFH-Urteilen (BMF-Schreiben v. 13. 8. 2008, BStBl 2008 I 845)

– Regelungen, nach denen eine Bilanzberichtigung sich nur auf den unrichtigen Ansatz von Wirtschaftsgütern (aktive und passive Wirtschaftsgüter einschl. Rückstellungen) sowie Rechnungsabgrenzungsposten dem Grunde und der Höhe nach bezieht und eine Änderung des steuerlichen Gewinns ohne Auswirkungen auf diese Ansätze keine Bilanzberichtigung ist, nicht weiter anzuwenden;

– Änderungen des Gewinns aufgrund der Berücksichtigung außerbilanzieller Hinzu- oder Abrechnungen berühren keinen Bilanzansatz; eine Bilanzänderung i. S. des § 4 Abs. 2 Satz 2 EStG ist insoweit nicht zulässig

Thema 23 Das Eigenkapital in der Bilanz

Einleitung

▶ Eigenkapital als Differenz von Vermögen und Schulden der Kaufleute (Betriebsvermögen i. S. v. § 4 Abs. 1 Satz 1 EStG)

▶ Wesentlicher Bestandteil der Bilanz (§§ 247 Abs. 1, 272 I HGB)

▶ Aufgrund des Vorhandenseins von stillen Reserven stimmt das buchmäßige Eigenkapital häufig nicht mit dem tatsächlichen Eigenkapital überein. Ein Ausweis des Eigenkapitals auf der Aktivseite führt somit nicht zwangsläufig zu einer Überschuldung.

Hauptteil

▶ Eigenkapital in der Bilanz der Einzelkaufleute
  − Saldo aus Vorträgen früherer Jahre sowie Einlagen, Entnahmen und Gewinn/Verlust des Geschäftsjahres
  − Aufgliederung der Position (beispielsweise in Einlagen, Entnahmen, GuV-Konto) ist nicht vorgeschrieben jedoch sinnvoll, um Gewinn aus Steuerbilanz nach Betriebsvermögensvergleich zu ermitteln (BV Ende abzüglich BV Ende Vorjahr zuzüglich Entnahmen abzüglich Einlagen)
  − Eigenkapital entspricht Betriebsvermögen i. S. des § 4 Abs. 1 Satz 1 EStG

▶ Eigenkapital in der Bilanz der Kapitalgesellschaften
  − Gesetzlich vorgeschriebene Gliederung (§ 266 Abs. 3 HGB)
  − Gezeichnetes Kapital: Haftkapital der Gesellschaft (Grundkapital der AG, Stammkapital der GmbH; § 272 Abs. 1 HGB)
  − Kapitalrücklagen: Die Nennbeträge übersteigende sowie sonstige Zuzahlungen der Gesellschafter (§ 272 Abs. 2 HGB)
  − Gewinnrücklagen: Bildung aus Geschäftsergebnis des laufenden Jahres/früherer Jahre, Untergliederung: gesetzl. Rücklage (nur AG/KGaA), Rücklage für eigene Anteile (in gleicher Höhe, Ausschüttungssperre), satzungsmäßige Rücklage, andere Gewinnrücklagen (§ 272 Abs. 3, 4 HGB)
  − Gewinnvortrag/Verlustvortrag
  − Jahresüberschuss/Jahresfehlbetrag
  − Bei Aufstellung nach Verwendung des Jahresergebnisses werden Gewinn-/Verlustvortrag und Jahresüberschuss/-fehlbetrag zum Posten Bilanzgewinn/Bilanzverlust zusammengefasst
  − Posten „Nicht durch Eigenkapital gedeckter Fehlbetrag" auf Aktivseite, wenn Eigenkapital durch Verlust aufgebraucht ist, und Aktivposten geringer als Passivposten
  − Hinweis: haftungsbeschränkte Unternehmergesellschaft, § 5a GmbHG (Einstiegsvariante der GmbH; Mindeststammkapital von 1 €; darf Gewinne nicht voll ausschütten, bis Mindeststammkapital der »normalen« GmbH angespart ist)

▶ Eigenkapital in der Bilanz der Personenhandelsgesellschaften
  − Gesetzlich vorgeschriebene Gliederung (§ 264c Abs. 2 HGB)
  − Kapitalanteile: getrennter Ausweis der Anteile persönlich und beschränkt haftender Gesellschafter; Verluste persönlich haftender Gesellschafter sind vom Anteil abzuschreiben

- Rücklagen: Bildung aufgrund gesellschaftsrechtlicher Vereinbarung
- Gewinnvortrag/Verlustvortrag
- Jahresüberschuss/Jahresfehlbetrag
- Übersteigt Verlust den Kapitalanteil eines persönlich haftenden Gesellschafters: Ausweis des Differenzbetrags unter den Forderungen bei Zahlungsverpflichtung oder gesondert als „Nicht durch Vermögenseinlagen gedeckter Verlustanteil", sofern keine Zahlungsverpflichtung besteht
- Unterschied Handelsbilanz – Steuerbilanz: Gesellschafter gewährt der Gesellschaft Darlehen, überlässt Grundstück, insoweit steuerrechtlich Sonderbetriebsvermögen I und damit Eigenkapital des Gesellschafters. Wirtschaftsgüter, die Beteiligung des Gesellschafters an Gesellschaft dienen (z. B. Anteil an Komplementär-GmbH), gelten als Sonderbetriebsvermögen II. Hinweis auf Ergänzungsbilanzen als Teil des Eigenkapitals (z. B. in Zusammenhang mit Erwerb des Mitunternehmeranteils)
- Bei Ermittlung des Kapitalkontos i. S. v. § 15a EStG sind Gesellschafter-Darlehenskonten als Fremdkapital der Gesellschaft außer Betracht zu lassen. Ein Kapitalkonto liegt vor, wenn die auf dem betroffenen Konto erfassten Beträge mit zukünftigen Verlusten verrechnet werden. Entscheidend ist, ob das Konto durch Teilhabe an Verlusten der gesamthänderischen Bindung unterliegt. Mit dem Begriff eines Darlehens ist eine Verlustbeteiligung des Gläubigers grundsätzlich nicht vereinbar. Auf den variablen Kapitalkonten werden somit Veränderungen durch Einlagen und Entnahmen sowie durch Gewinn- und Verlustzuweisungen gutgeschrieben bzw. belastet.

Schlussbemerkung

Problemfeld im Zusammenhang mit § 264c Abs. 2 HGB für Personenhandelsgesellschaften: Notwendigkeit der Positionen Gewinn-/Verlustvortrag und Jahresüberschuss/-fehlbetrag, wenn Jahresergebnisse sofort mit Kapitalanteilen verrechnet werden.

HINWEIS STILLE GESELLSCHAFT:

▶ typisch stille Gesellschaft: Einlage = Fremdkapital
▶ atypisch stille Gesellschaft: Einlage = Eigenkapital

Bedeutung des Begriffs Eigenkapital insbesondere für beschränkte Verlustberücksichtigung nach § 15a EStG.

HINWEIS ZINSSCHRANKE (§ 4H ESTG)

Grundsätzlich steht es Kaufmann frei, in welchem Umfang er seinen Betrieb mit Eigen- bzw. Fremdkapital finanziert

▶ Vergütungen für Eigenkapital (Dividenden) steuerlich nicht abzugsfähig
▶ Vergütungen für Fremdkapital (Zinsen) abzugsfähiger Aufwand

durch Unternehmensteuerreform 2008 wurde § 4h EStG neu ins EStG aufgenommen, sog. Zinsschranke; Ersatz bisheriger Regelungen zur Gesellschafterfremdfinanzierung § 8a KStG a. F.

Thema 24 Die Bilanzierung schwebender Geschäfte

Einleitung

- Schwebende Geschäfte = gegenseitige, auf einen Leistungsaustausch gerichtete Verträge, die noch in der Schwebe sind
- erzeugen bereits Rechtswirkungen, sind aber hinsichtlich der vereinbarten Sach- oder Dienstleistungspflicht - abgesehen von unwesentlichen Nebenpflichten - noch nicht erfüllt
- zivilrechtlich steht zumeist noch der Vollzug (Besitz- und Eigentumsübertragung, Diensterbringung usw.) aus. Handels- und steuerrechtlich ist der Gewinn oder Verlust aus dem Geschäft noch nicht realisiert.

Leistung und Gegenleistung aus einem Vertrag, die am Abschlussstichtag noch nicht erfüllt sind, stehen sich i. d. R. gleichwertig gegenüber und werden daher nicht bilanziert (bzw. Geschäft und damit Ertragschance oder Verlustrisiko ist mit Risiko behaftet wie z. B. Einrede § 320 BGB oder Rücktritt §§ 323, 325 BGB). Ausnahmen:

- Aktivierung geleisteter Anzahlungen, Passivierung erhaltener Anzahlungen (§ 266 Abs. 2, 3 HGB)
- Erkennbares Ungleichgewicht von Leistung und Gegenleistung am Abschlussstichtag, drohender Verlust (Rückstellung gem. § 249 Abs. 1 Satz 1 HGB)
- Erfüllungsrückstand

Hauptteil

- Drohende Verluste aus schwebenden Geschäften
  - aufgrund des Imparitätsprinzips (§ 252 Abs. 1 Nr. 4 HGB) sind wahrscheinliche Verluste aus einem am Bilanzstichtag beidseitig noch nicht erfüllten Vertrag zu bilanzieren; Verlust = Verpflichtungsüberschuss der eigenen Leistung über die Gegenleistung
  - wegen des Realisationsprinzips kein Ausweis eines Ertrags aus einem schwebenden Geschäft
- Fälle drohender Verluste
  - Anschaffungsgeschäfte: Kaufpreisschuld ist am Bilanzstichtag höher als Teilwert/Wiederbeschaffungskosten der noch nicht erhaltenen Wirtschaftsgüter
  - Veräußerungsgeschäfte: Selbstkosten größer als Verkaufspreis
  - Dauerrechtsverhältnisse (z. B. Mietverträge): drohender Verlust nur, sofern Summe der eigenen Leistung über die gesamte Restlaufzeit des Vertrags größer als die Summe der Gegenleistung ist
- Bilanzierung/Bewertung von Verlusten aus schwebenden Geschäften
  - Handelsbilanz: Passivierungsgebot, Bildung von Rückstellungen, Bewertung mit dem übersteigenden Betrag der eigenen Leistung über die Gegenleistung
  - Steuerbilanz: Passivierungsverbot, § 5 Abs. 4a EStG
- Bildung von Bewertungseinheiten nach BilMoG
- Eine weitere Ausnahme der Nichtberücksichtigung schwebender Geschäfte bei der Bilanzierung bildet die Bildung von Bewertungseinheiten nach dem Bilanzrechtsmodernisierungsgesetz (BilMoG). § 254 Satz 1 HGB n. F. regelt die Zusammenfassung von Vermögensgegen-

ständen, Schulden, schwebenden Geschäften und mit hoher Wahrscheinlichkeit erwarteten Transaktionen zum Ausgleich gegenläufiger Wertänderungen und Zahlungsströme aus dem Eintritt vergleichbarer Risiken mit Finanzinstrumenten.
- Die Neuregelung gilt verbindlich für die handelsrechtlichen Jahres- und Konzernabschlüsse für nach dem 31.12.2009 beginnende Wirtschaftsjahre.

Schlussbemerkung

Durchbrechen des Maßgeblichkeitsprinzips; mögliche Begründungen: Handelsrecht – Vorsichtsprinzip/Gläubigerschutz, Steuerrecht – Verringerung der Besteuerungsgrundlagen

Nach dem BilMoG ist gemäß § 253 Nr. 3 HGB n. F. erforderlich, Art und Zweck sowie Risiken und Vorteile von nicht in der Bilanz enthaltenen Geschäften im Anhang des Jahresabschlusses anzugeben, soweit dies für die Beurteilung der Finanzlage notwendig ist. Diese Angabepflicht betrifft nur große und mittelgroße Kapitalgesellschaften.

Thema 25 Die Untergrenze der Herstellungskosten in Handels- und Steuerbilanz

Einleitung

▶ Herstellungskosten sind handelsrechtlich die Aufwendungen, die entstehen
  - durch den Verbrauch von Gütern und die Inanspruchnahme von Diensten für die Herstellung eines Vermögensgegenstandes,
  - seine Erweiterung oder
  - für eine über seinen ursprünglichen Zustand hinausgehende wesentliche Verbesserung.
  - Dieser handelsrechtliche Begriff der Herstellungskosten gilt auch für die Steuerbilanz. Mit dem Bilanzrechtsmodernisierungsgesetz hat sich das deutsche Handelsrecht beim Festlegen des Umfangs der Herstellungskosten dem Steuerrecht und der internationalen Rechnungslegung angenähert.

▶ Herstellungskosten als wesentlicher Bewertungsmaßstab neben den Anschaffungskosten/dem Teilwert in Handels- und Steuerrecht

▶ Durch Ausübung von Wahlrechten bei der Herstellungskostenermittlung kann Höhe des Gewinns beeinflusst werden (bei Nicht-Aktivierung sofort abzugsfähige Betriebsausgaben)

Hauptteil

▶ Handelsrecht/Steuerrecht
  - bisher unterschiedliche Mindestansätze in Handels- und Steuerbilanz für selbst geschaffene Vermögenswerte; nach BilMoG: neue handelsrechtliche Untergrenze für Herstellungskosten, die steuerlicher Untergrenze entspricht
  - aktivierungspflichtig neben den Einzelkosten auch variable Gemeinkosten (Material- und Fertigungsgemeinkosten sowie produktionsbezogene Abschreibungen); damit im Handelsrecht tendenziell höherer Gewinn- und Eigenkapitalausweis (§ 255 Abs. 2 Satz 2 HGB n. F., § 6 EStG)
  - handels- und steuerrechtliche Herstellungskostenobergrenze entspricht produktionsbezogenen Vollkosten
  - Aktivierungswahlrecht umfasst angemessene Aufwendungen für allgemeine Verwaltung, für soziale Einrichtungen, für freiwillige soziale Leistungen und für die betriebliche Altersversorgung, soweit diese Aufwendungen auf den Herstellungszeitraum entfallen (§ 255 Abs. 2 Satz 3 HGB n. F.), ebenso für Fremdkapitalzinsen (§ 255 Abs. 3 HGB)
  - Forschungs- und Vertriebskosten unterliegen Aktivierungsverbot (§ 255 Abs. 2 Satz 4 HGB n. F.)
  - durch neues Bilanzrecht werden bisher bestehende Unterschiede zwischen handels- und steuerrechtlichen Herstellungskosten weitgehend abgebaut
  - handelsrechtliches Wahlrecht für selbst geschaffene immaterielle Vermögensgegenstände hat zur Folge, dass planmäßige Abschreibungen im Falle einer Aktivierung zu aktivierungspflichtigen Herstellungskosten gehören, wenn immaterielle Vermögensgegenstände einen Bezug zur Herstellung anderer Vermögensgegenstände aufweisen; steuerrechtlich Aktivierungsverbot (§ 5 Abs. 2 EStG)

- abweichende Bilanzansätze für selbst geschaffene Vermögenswerte können sich infolge der Abschaffung der umgekehrten Maßgeblichkeit ergeben; werden z. B. stillen Reserven eines veräußerten Wirtschaftsgutes auf ein selbst hergestelltes Wirtschaftsgut übertragen (§ 6b EStG), vermindern sich die Herstellungskosten des neuen Wirtschaftsgutes; Minderung erfolgt jedoch ausschließlich in Steuerbilanz, da sie handelsrechtlich nicht mehr zulässig ist (Abschaffung von § 279 Abs. 2 HGB a. F.)
- bezüglich Aktivierung der planmäßigen Abschreibungen besteht steuerrechtlich die Möglichkeit, anstelle der degressiven AfA die lineare AfA anzusetzen (R 6.3 Abs. 3 Satz 2 EStR); Handelsrecht sieht solches Wahlrecht nicht vor.

Schlussbemerkung

Trotz der Angleichung des Handelsrechts an das Steuerrecht kann es somit bei selbst geschaffenen Vermögenswerten zu unterschiedlichen Bilanzansätzen kommen, die bei der Ermittlung der latenten Steuern zu berücksichtigen sind.

Thema 26 Der Teilwert

Einleitung

- ▶ Wichtiger Bewertungsmaßstab neben den Anschaffungs-/Herstellungskosten (vgl. § 253 Abs. 1, 2 HGB, § 6 Abs. 1 Nr. 1 EStG)
- ▶ Ansatz von Gegenständen des Anlage-/Umlaufvermögens mit dem Teilwert in der Steuerbilanz nur, sofern er niedriger ist als die (fortgeführten) Anschaffungs-/Herstellungskosten (AK/HK), § 253 Abs. 2 Satz 3 HGB, § 5 Abs. 1, § 6 Abs. 1 Satz 2 EStG

Hauptteil

- ▶ Gesetzliche Definition (§ 6 Abs. 1 Nr. 1 Satz 3 EStG)
  - Fiktiver (geschätzter) Wert für ein Wirtschaftsgut,
  - der im Rahmen eines Gesamtkaufpreises für ein Unternehmen anzusetzen wäre,
  - bei Betriebsfortführung durch den Erwerber
  - steuerlicher Wert (§ 6 Abs. 1 Nr. 1 EStG), ähnliche Funktion wie der im Handelsrecht geltende „beizulegende Wert" (§ 253 Abs. 3 Satz 3 HGB).
- ▶ Teilwertermittlung (Grundsätze des Schätzverfahrens)
  - Wertobergrenze: Wiederbeschaffungs-/Anschaffungskosten bzw. Selbstkosten am Bilanzstichtag in Herstellungsfällen
  - Wertuntergrenze: Einzelveräußerungspreis (= gemeiner Wert/Verkehrswert)
  - Teilwertvermutungen:
    1. Teilwert = AK/HK im Zeitpunkt des Erwerbs/der Fertigstellung (bei nicht abnutzbaren Wirtschaftsgütern des Anlagevermögens auch später)
    2. Teilwert = AK/HK - lineare AfA bei abnutzbaren Wirtschaftsgütern und Bilanzstichtagen nach Anschaffung/Fertigstellung
    3. Teilwert = Wiederbeschaffungskosten bei Wirtschaftsgütern des Umlaufvermögens (voraussichtlicher Veräußerungserlös ist zu beachten)
  - Widerlegung der Teilwertvermutungen möglich; Beispiele: Fehlmaßnahmen, langfristig schlechte Ertragslage, gesunkene Wiederbeschaffungskosten
- ▶ Anwendungsbereiche: Bewertung Anlage-/Umlaufvermögen (Teilwertabschreibung), Bewertung Einlagen/Entnahmen
- ▶ Nachweispflicht für niedrigeren Teilwert liegt beim Steuerpflichtigen, wertaufhellende Tatsachen sind zu berücksichtigen

Schlussbemerkung

- ▶ Neuregelungen der Teilwertabschreibung durch StEntlG führen zu weiterem Durchbrechen des Maßgeblichkeitsprinzips (Teilwertabschreibung beim Umlaufvermögen nur bei voraussichtlich dauernder Wertminderung, Wertaufholungsgebot nach § 6 Abs. 1 Nr. 1 Satz 4 EStG).
- ▶ BilMoG
  - Änderung der handelsrechtlichen Vorschriften zur außerplanmäßigen Abschreibung und zur Wertaufholung
  - außerplanmäßige Abschreibungen des Anlagevermögens bei vorübergehender Wertminderung nur noch bei Finanzanlagen zulässig; Einschränkung galt bisher nur für Kapitalge-

sellschaften, nunmehr wurde sie auf alle Kaufleute ausgedehnt (§ 253 Abs. 3 Satz 3, 4 HGB n. F.)
- im Handelsrecht keine steuerrechtlichen Abschreibungen mehr (vormals § 254 HGB); Ursache: Abschaffung der umgekehrten Maßgeblichkeit (§ 5 Abs. 1 EStG n. F.)
- neues Bilanzrecht schreibt die Wertaufholung für alle Kaufleute vor; Kapitalgesellschaften, Einzelkaufleute, Personenhandelsgesellschaften und Genossenschaften müssen Vermögensgegenstand, der außerplanmäßig abgeschrieben worden ist, wieder zuschreiben, wenn die Gründe für die außerplanmäßige Abschreibung weggefallen sind (§ 253 Abs. 5 Satz 1 HGB n. F.); Ausnahme: Geschäfts- oder Firmenwert (§ 253 Abs. 5 Satz 2 HGB n. F.)

Thema 27   Firma eines Kaufmanns

Einleitung

- Die Firma eines Kaufmanns ist der Name, unter dem er seine Geschäfte betreibt und die Unterschrift abgibt (§ 17 Abs. 1 HGB); betriebswirtschaftlich: Marketinginstrument
- Nichtkaufleute i. S. des § 1 Abs. 2 HGB haben keine Firma, allenfalls eine Geschäftsbezeichnung
- Abgrenzung zur „Marke": rechtlich besonders geschütztes Zeichen zur Kennzeichnung eines Produkts

Hauptteil

- Firmenwahrheit

    Firma muss zur Kennzeichnung des Kaufmanns geeignet sein und Unterscheidungskraft besitzen; darf keine Angaben enthalten, die geeignet sind, über geschäftliche Verhältnisse, die für die angesprochenen Verkehrskreise wesentlich sind, irrezuführen. Im Verfahren vor dem Registergericht wird die Eignung zur Irreführung nur berücksichtigt, wenn sie ersichtlich ist, § 18 HGB

    Firmenrecht rechtsformunabhängig, maßgebend grds. §§ 17, 18 HGB; Einzelgesetze regeln lediglich Rechtsformzusätze (§ 19 Abs. 1 Nr. 1 HGB – Kaufmann; § 19 Abs. 1 Nr. 2 HGB – OHG; § 19 Abs. 1 Nr. 3 HGB – KG; § 2 PartGG – Partner; §§ 4 und 5a GmbHG – GmbH; § 4 AktG – AG)

    Phantasiefirmen möglich, § 18 HGB; Grenze bei Irreführung, unpräzisen Begriffen (z. B. Gattungsbezeichnung „Bäckerei OHG")

- Firmenkontinuität (Firmenbeständigkeit)
    - Namensänderung (z. B. Heirat), § 21 HGB
    - Geschäftserwerb: Firmenfortführung bei Einwilligung, § 22 HGB
    - Verbot der Leerübertragung, § 23 HGB
    - Gesellschafterwechsel, § 24 HGB
- Firmenausschließlichkeit, § 30 HGB

    Firma muss sich von allen an demselben Ort oder in derselben Gemeinde bereits bestehenden und in das Handelsregister oder in das Genossenschaftsregister eingetragenen Firmen deutlich unterscheiden

- Firmeneinheit

    Grds. für ein- und dasselbe Unternehmen nur eine Firma (Ausn.: selbständige Filialen)

- Firmenöffentlichkeit, § 29 HGB

    Publizitätserfordernis durch Eintragungspflicht ins Handelsregister

Schlussbemerkung

- Prüfungsrecht des Handelsregisters, § 18 HGB
- Gläubigerschutz (Haftung bei Firmenfortführung, §§ 25-27 HGB)

- Firmenschutz, § 37 HGB (MarkenG; WettbewerbsG)
- Auf Geschäftsbriefen/Bestellscheinen sind Firma einschließlich Rechtsform/Ort, Sitz der Niederlassung/Registergericht/Handelsregisternummer anzugeben, § 37a HGB, § 125a HGB

Thema 28 Form, Gliederung und Inhalt einer Bilanz

Einleitung

- ▶ gesetzliche Verpflichtung von Kaufleuten zur Aufstellung einer Bilanz (§ 242 HGB)
- ▶ hinsichtlich der Zwecke der Bilanz (Gewinnermittlung, Gläubiger-/Gesellschafterinformation, Besteuerung) soll Vergleichbarkeit durch Anforderungen an Gliederung und Inhalt erzielt werden
- ▶ Ansatz- und Bewertungswahlrechte ermöglichen Einflussnahme auf Höhe des Gewinns (Bilanzpolitik)

Hauptteil

- ▶ Grundsätze (vgl. §§ 243 ff. HGB)
  - Grundsätze ordnungsmäßiger Buchführung beachten (z. B. Vollständigkeit [§ 246 Abs. 1 HGB], Bilanzklarheit [§ 243 Abs. 2 HGB], Einzelbewertung [§ 252 Abs. 1 Nr. 3 HGB], Bilanzenzusammenhang [§ 252 Abs. 1 Nr. 1 HGB, § 4 Abs. 1 Satz 1 EStG], Vorsichtsprinzip [§ 252 Abs. 1 Nr. 4 HGB], Bewertungsstetigkeit [§ 252 Abs. 1 Nr. 6 HGB])
  - Klarheit, Übersichtlichkeit, deutsche Sprache, Euro (§ 244 HGB), Unterzeichnung durch Kaufmann (§ 245 HGB)
  - wesentlicher Inhalt (§ 247 HGB): gesonderter Ausweis und hinreichende Aufgliederung von Anlage-/Umlaufvermögen, Eigenkapital, Schulden, Rechnungsabgrenzungsposten
  - Bilanzierungsverbote beachten (§ 248 HGB), ebenso werterhellende Umstände, nicht aber wertbeeinflussende
  - Passivierung von Rückstellungen für ungewisse Verbindlichkeiten und drohende Verluste aus schwebenden Geschäften (§ 249 HGB)
  - Angabe bestimmter Haftungsverhältnisse unter der Bilanz (§ 251 HGB)
- ▶ Besonderheiten bei Kapitalgesellschaften/Personenhandelsgesellschaften
  - Gliederungsschema ist vorgegeben (§ 266 Abs. 2, 3 HGB)
  - Verkürzte Gliederung für kleine Kapitalgesellschaften möglich
  - Ergänzende Informationen/Bilanzvermerke (§ 268 HGB): z. B. Bilanzgewinn/Bilanzverlust, Entwicklung des Anlagevermögens, nicht durch Eigenkapital gedeckter Fehlbetrag, Forderungen mit Restlaufzeit über einem Jahr, Verbindlichkeiten mit Restlaufzeit bis zu einem Jahr (Angabe teilweise in Anhang möglich)
  - Personengesellschaft: Steuerbilanz der Gesellschaft (Gesamthandsvermögen) und Sonderbilanzen der Gesellschafter bilden Gesamtbilanz, die Grundlage der einheitlichen und gesonderten Gewinnfeststellung ist (§ 180 Abs. 1 Nr. 2 Buchst. a AO)

Schlussbemerkung

- ▶ Empfehlung der Bundessteuerberaterkammer, bei Bilanzen von Nicht-Kapitalgesellschaften das Gliederungsschema des § 266 HGB zu übernehmen.
- ▶ Steuerbürokratieabbaugesetz: § 5b EStG eingeführt; regelt, dass Bilanzen und Gewinn- und Verlustrechnungen künftig elektronisch übermittelt werden müssen; Inhalte und Form müssen standardisiert werden (§ 51 Abs. 4 Nr. 1 Buchst. b EStG); Hinweis „E-Bilanz" (voraussichtlich erstmals anzuwenden für Abschlüsse der Wirtschaftsjahre, die nach dem 31. 12. 2011 beginnen; demnach im Regelfall Abschlüsse 2012, die im Jahr 2013 elektronisch zu übermit-

teln sind), Problemfeld „Taxonomie" (Vorgabe detaillierter Gliederungen der Bilanz und GuV-Rechnung durch die Finanzverwaltung)
- ▶ BilMoG ist zum 26.5.2009 in Kraft getreten; meisten Vorschriften gelten ab 2010, jedoch war freiwillige Anwendung (aller Vorschriften insgesamt) ab 2009 möglich
  - neue Schwellenwerte für die größenabhängigen Erleichterungen bei der einzelgesellschaftlichen Rechnungslegung bzw. Befreiung von der Konzernrechnungslegung
  - Abschluss nach HGB wird durch Abschaffung zahlreicher Wahlrechte, Anpassung von Ansatz- und Bewertungsvorschriften sowie Aufgabe der umgekehrter Maßgeblichkeit deutlich einem internationalen Abschluss angenähert

Thema 29 Handelsregister

Einleitung

▶ Geregelt in §§ 8–16 HGB; öffentliches Verzeichnis (§ 9 HGB) für Handelsverkehr rechtserheblicher Tatsachen.

▶ Handelsregister wird bei Amtsgerichten geführt, § 8 HGB (2 Abteilungen: A → Einzelkaufleute, PersGes; B → KapGes).

▶ erhebliche Veränderungen durch das seit dem 1.1.2007 gültige Gesetz über elektronische Handelsregister und Genossenschaftsregister sowie das Unternehmensregister (EHUG) – soll die Formalien sowohl für den Eintragungspflichtigen als auch für interessierte Dritte erleichtern

▶ Abgrenzung zum Unternehmensregister (§ 8b HGB)

Hauptteil

▶ Bei der Art der Anmeldung haben sich seit dem 1.1.2007 erhebliche Veränderungen ergeben. Bis Ende 2006 hatte diese schriftlich zu erfolgen. Seit dem 1.1.2007 dürfen Unterlagen nur noch in elektronischer Form eingereicht werden (Gesetz über elektronische Handelsregister und Genossenschaftsregister sowie das Unternehmensregister – EHUG).

Die Notwendigkeit notarieller Beglaubigungen z. B. für die Einsetzung eines Geschäftsführers einer GmbH wurde durch das EHUG nicht verändert. Allerdings hat die Beglaubigung elektronisch zu erfolgen und ist vom Notar elektronisch an das Registergericht weiterzuleiten.

▶ Eintragungen
  – eintragungspflichtige Tatsachen = gesetzliche Verpflichtung eines Kaufmanns, eine Tatsache zur Eintragung anzumelden (z. B. Firma bzw. deren Änderung [§§ 29, 31 HGB]; Prokura [§ 53 HGB]; Gründung OHG, KG einschl. persönlich haftender Gesellschafter [§§ 106–108 HGB, § 161 Abs. 2 HGB]; Gründung AG, GmbH [§§ 36 ff. AktG, §§ 7 ff. GmbHG]; GmbH-Geschäftsführer [§§ 8, 10, 39 GmbHG]).
  – eintragungsfähige Tatsachen = Tatsachen, die – ohne dass eine Verpflichtung besteht, eingetragen werden können (z. B. Eintragung eines Haftungsausschlusses nach § 25 Abs. 2, § 28 Abs. 2 HGB).
  – Wirkung der Eintragung
    – konstitutiv = rechtsbegründend (z. B. Kaufmann kraft Eintragung, § 2 HGB; Kannkaufmann, § 3 HGB; Umwandlung, § 20 UmwG)
    – deklaratorisch = rechtsverkündend (z. B. Eintragung Musskaufmann; Erteilung/Erlöschen Prokura, § 53 HGB)

▶ Publizität
  – Bekanntmachung der Eintragungen, §§ 10–12 HGB

    Die einzelnen Amtsgerichte führen gesonderte elektronische Register. Diese sind über die bundesweite Internetseite www.handelsregister.de verknüpft.

    Über diese Internetseite kann man online zu allen in den Handelsregistern eingetragenen Unternehmen

- einen aktuellen Ausdruck aus dem Handelsregister,
- einen entsprechenden chronologischen Ausdruck (alle Daten ab der Umstellung auf die elektronische Registerführung),
- einen historischen Ausdruck (alle Daten bis zur Umstellung auf die elektronische Registerführung),
- die Unternehmensträgerdaten sowie
- einzelne Dokumente zu den Unternehmen – soweit diese vorhanden sind – (z. B. Anmeldungen zum Register, Gesellschafterlisten und Satzungen von Kapitalgesellschaften)

abfordern.
- Bekanntmachungswirkung; Publizität des Handelsregisters, § 15 HGB
  - negative Publizität (§ 15 Abs. 1 HGB)

    Ist eine einzutragende Tatsache (z. B. das Erlöschen einer Prokura) nicht eingetragen oder zwar eingetragen, aber nicht bekannt gemacht worden, kann sie einem Dritten nur entgegengehalten werden, wenn dieser sie kannte.
  - positive Publizität

    Umgekehrt muss der Dritte eine eingetragene und ordnungsgemäß bekannt gemachte Tatsache grundsätzlich gegen sich gelten lassen (§ 15 Abs. 2 HGB). Bei unrichtiger Bekanntmachung einer eintragungspflichtigen Tatsache kann sich ein Dritter auf die bekannt gemachte Tatsache berufen, sofern er nicht die Unrichtigkeit kannte (§ 15 Abs. 3 HGB).

Schlussbemerkung
▶ Sinn/Zweck/Ziele
- soll Tatsachen, die im kaufmännischen Bereich von Bedeutung sind, offen legen → Interesse des Kaufmanns, der Geschäftspartner, der Allgemeinheit
- Schutz vor Gefahren, da Haftungs-, Vertretungsverhältnisse erkennbar
- Nachweis durch Handelsregisterauszug
- gewisse Kontrolle durch Registergericht

▶ durch das EHUG wurde der Zugriff auf die Daten des Handelsregisters der technischen Entwicklung angepasst und erheblich erleichtert. Das EHUG führt durch die Umstellung auf eine Online-Veröffentlichung zu mehr Flexibilität, Transparenz und Zeitersparnis, da Unternehmensdaten schneller und günstiger verfügbar sind

▶ MoMiG

Anmeldung zum Handelsregister wurde in Teilbereichen dadurch erleichtert, dass Musterprotokolle für die Gründung einer GmbH dem GmbHG beigefügt wurden, verzichten Gründer einer GmbH auf selbst gestaltete Gesellschaftsverträge und nutzen stattdessen diese Musterprotokolle, können sie die ansonsten notwendige zusätzliche Einreichung einer Gesellschafterliste gemäß § 8 Abs. 1 Nr. 3 GmbHG unterlassen

Thema 30 Handelsvertreter

Einleitung

- Ein Kaufmann kann in seinem Unternehmen auch fremde Personen einschalten, die nicht in seinem Unternehmen eingegliedert sind (selbständige Hilfspersonen des Kaufmanns)
- der Handelsvertreter ist eine solche selbständige Hilfsperson eines Kaufmanns
- Regelungen in §§ 84 ff. HGB

Hauptteil

- Begriff des Handelsvertreters/Definition (§ 84 Abs. 1 Satz 1 HGB)
  - selbständiger Gewerbetreibender: freie Gestaltung der Tätigkeit; freie Bestimmung der Arbeitszeit (Gesamterscheinungsbild entscheidend)
  - Tätigwerden für andere (im fremden Namen): unerheblich, ob er für einen Unternehmer (Einfirmenvertreter) oder für mehrere Unternehmer handelt
  - ständiges Betreuungsverhältnis zum Unternehmer (auf Dauer), gerichtet auf Abschluss oder Vermittlung von Geschäften (auf fremde Rechnung)
- Abgrenzung
  - Kommissionär: nicht ständig, im eigenen Namen; auf fremde Rechnung
  - selbständiger Unternehmer: im eigenen Namen; auf eigene Rechnung
- steuerrechtliche Behandlung eines Handelsvertreters
  - Ertragsteuerrecht

      Einkünfte aus Gewerbebetrieb, § 15 EStG

      Besonderheiten Betriebseinnahmen: Provisionseinnahmen, Sachleistungen (Geschenke, Reisen, Incentives …), Ausgleichsanspruch § 89b HGB → § 24 Nr. 1 Buchst. c EStG; Besonderheiten Betriebsausgaben: Bewirtungskosten (§ 4 Abs. 5 Nr. 2 EStG), Kfz- und Reisekosten (§ 4 Abs. 5 Nr. 5, 6 EStG)

  - Umsatzsteuer

      Unternehmer i. S. des § 2 UStG; Sonstige Leistungen → Vermittlungsleistungen; Ort Vermittlungsleistungen = Ort vermittelter Umsatz, § 3a Abs. 2 Nr. 4 UStG; Entgelt umfasst Auslagen für Reisekosten, Porto, Unterprovisionen

- handelsrechtliche Behandlung eines Handelsvertreters (Rechte und Pflichten)
  - Kaufmann (Handelsgewerbe, § 1 HGB); unerheblich ob natürliche oder juristische Person
  - ggf. Befreiung von Buchführungspflicht (§ 241a HGB) bzw. Unternehmen erfordert keinen in kaufmännischer Weise eingerichteten Geschäftsbetrieb (§ 1 Abs. 2 HGB)
  - Berichts-/Treuepflicht (§ 86 HGB); Wettbewerbsverbot (§ 90a HGB); diverse Provisionsansprüche (§§ 87–88a HGB); Auskunftsanspruch (§ 87c Abs. 3 HGB); Kündigung (§§ 89, 89a HGB); Ausgleichsanspruch (§ 89b HGB)

Schlussbemerkung

Selbständigkeit/Scheinselbständigkeit/arbeitnehmerähnlich Selbständige

Ausnahmeregelung nach SGB, Vermutungen abhängiger Beschäftigung wird bei Vorliegen der Kriterien für Scheinselbständigkeit für Handelsvertreter verneint.

Thema 31 Notwendiges/gewillkürtes Betriebsvermögen, notwendiges Privatvermögen

Einleitung

▶ Gewinnermittlung durch Betriebsvermögensvergleich erfordert genaue Abgrenzung zwischen BV und PV (BV = Grundlage für Gewinnermittlung)

▶ Zuordnung wichtig für betriebliche oder private Veranlassung von Erträgen und Aufwendungen im Zusammenhang mit den Vermögensgegenständen (z. B. Abschreibung, Veräußerungsgewinne/-verluste) und entscheidend für die Versteuerung stiller Reserven

Hauptteil

▶ Grundsätze
  – Wirtschaftsgüter, die ausschließlich und unmittelbar für eigenbetriebliche Zwecke des Mandanten genutzt werden oder dazu bestimmt sind (= notwendiges Betriebsvermögen) oder die in einem gewissen objektiven Zusammenhang mit dem Betrieb stehen und ihn zu fördern bestimmt und geeignet sind (= gewillkürtes Betriebsvermögen), müssen Betriebsinhaber wirtschaftlich zuzurechnen sein (§ 39 AO)
  – Abgrenzung (abnutzbar, nicht abnutzbar, materiell, immateriell, langlebig, kurzlebig, Anlagevermögen, Umlaufvermögen)
  – notwendiges BV: ausschließliche/unmittelbare eigenbetriebliche Nutzung/Bestimmung, eigenbetriebliche Nutzung zu mehr als 50 % (Maschinen, Patente, Waren, Roh-, Hilfs-, Betriebsstoffe ...), tatsächliche Zweckbestimmung, konkrete Funktion
  – Hinweis: notwendiges BV bei gewerblichem Grundstückshandel
  – gewillkürtes BV: objektiver Zusammenhang zum Betrieb gegeben und Förderung des Betriebs möglich, betriebliche Nutzung von 10 % bis 50 %; gewillkürtes BV bei auch bei Einnahmen-Überschuss-Rechnung möglich
  – notwendiges PV: keine Beziehung zum Betrieb oder untergeordnete Bedeutung, private Nutzung zu mehr als 90 %
  – Ausweis in Buchführung/Bilanz nur bei gewillkürtem BV bedeutsam
  – mit Ausnahme von Grundstücken/Grundstücksteilen werden gemischt-genutzte Wirtschaftsgüter nach dem Anteil der betrieblichen/privaten Nutzung voll zum BV oder voll zum PV gezählt
  – Behandlung von Schulden: immer nur notwendiges BV oder notwendiges PV, entscheidend ist Veranlassung der Schuldaufnahme

▶ Besonderheiten „gemischt-genutzte Grundstücke"
  – einzelne Beurteilung der unterschiedlich genutzten Grundstücksteile
  – eigenbetriebliche Nutzung = notwendiges BV, fremdbetriebliche Nutzung/fremde Wohnzwecke = gewillkürtes BV oder PV, eigene Wohnzwecke = notwendiges Privatvermögen
  – Betriebsvermögen von untergeordneter Bedeutung, § 8 EStDV

Schlussbemerkung

Mögliche Problemfelder: Bestimmung der Nutzungsanteile, Begründung gewillkürtes BV, BV bei Personengesellschaften (Gesamthandsvermögen, Sonderbetriebsvermögen)

Thema 32 Rechnungsabgrenzungsposten in Handelsrecht und Steuerrecht

Einleitung
- Nach § 252 Abs. 1 Nr. 5 HGB gilt Grundsatz der periodengerechten Gewinnermittlung (= Aufwand und Ertrag sind im Jahr ihrer Entstehung zu erfassen, unabhängig von Zahlungszeitpunkt)
- RAP dienen der perioden-, sachgerechten Zuordnung bestimmter Einnahmen oder Ausgaben

Hauptteil
- Grundlagen
  - transitorische Posten: Einnahmen/Ausgaben erfolgen vor dem Jahr der Berücksichtigung als Ertrag/Aufwand
  - antizipative Posten: Einnahmen/Ausgaben erfolgen im Jahr nach der Berücksichtigung als Ertrag/Aufwand; Fälle der sonstigen Forderungen/Verbindlichkeiten
- aktive/passive RAP im Steuerrecht
  - in der Steuerbilanz sind Rechnungsabgrenzungsposten u. a. zu bilden
    - für die als Aufwand berücksichtigte Umsatzsteuer auf Anzahlungen (§ 5 Abs. 5 Satz 2 Nr. 1 EStG) sowie
    - für Zölle und Verbrauchsteuern, die nicht zu den aktivierungspflichtigen Herstellungskosten von Wirtschaftsgütern des Vorratsvermögens gehören (§ 5 Abs. 5 Satz 2 Nr. 2 EStG)
  - Bilanzierungsgebot nach Handelsrecht gilt auch für das Steuerrecht (§ 5 Abs. 5 Satz 1 EStG)
  - Aktivierungswahlrechte im Handelsrecht werden zu Aktivierungsgeboten im Steuerrecht (§ 5 Abs. 5 Satz 2 EStG), z. B. Aktivierung Disagio
- aktive/passive RAP im Handelsrecht (vgl. § 250 HGB)
  - Bilanzierungsgebot: RAP für Ausgaben/Einnahmen vor dem Abschlussstichtag, die Aufwand/Ertrag für eine bestimmte Zeit (Beginn/Ende des Zeitraums müssen genau festliegen) darstellen; Beispiele: Mietzahlung in 12/01 für 1/02; Zinseinnahme in 12/01 für 1/02
  - Handelsrecht sah für die als Aufwand berücksichtigte Umsatzsteuer auf erhaltene Anzahlungen sowie für die als Aufwand berücksichtigten Zölle und Verbrauchsteuern **bislang** ein Aktivierungswahlrecht vor (§ 250 Abs. 1 Satz 2 HGB a. F.)
  - BilMoG schafft dieses Aktivierungswahlrecht ab, um Informationsgehalt des Jahresabschlusses zu verbessern, bereits gebildete Rechnungsabgrenzungsposten können in der Handelsbilanz beibehalten werden, alternativ können sie in Gewinnrücklagen eingestellt werden (Art. 66 Abs. 3 EGHGB n. F.).
  - neue handelsrechtliche Aktivierungsverbot führt dazu, dass erhaltene Anzahlungen künftig ohne Umsatzsteuer, d. h. nur mit dem Nettobetrag, passiviert werden; die zu den Vertriebskosten zählenden Zölle und Verbrauchsteuern werden sofort aufwandswirksam erfasst
  - da es in der Steuerbilanz bei der Aktivierungspflicht bleibt, hat das handelsrechtliche Aktivierungsverbot keine Auswirkungen auf den steuerlichen Gewinn.

Schlussbemerkung

Vorgehen bei Bildung und Auflösung der Rechnungsabgrenzungsposten erläutern

Thema 33 Übertragung stiller Reserven nach R 6.6 EStR

Einleitung
- ▶ Durch bestimmte Vorfälle kann es zur unvermeidbaren, ungewollten Aufdeckung von stillen Reserven bei Wirtschaftsgütern kommen
- ▶ R 6.6 EStR bietet Möglichkeit, Gewinnrealisierung durch eine Ersatzbeschaffung zu vermeiden

Hauptteil
- ▶ Voraussetzungen
  - Ausscheiden eines Wirtschaftguts des Anlage- oder Umlaufvermögens aus dem Betriebsvermögen gegen Entschädigung, durch höhere Gewalt oder in Folge/zur Vermeidung eines behördlichen Eingriffs
  - Anschaffung/Herstellung eines Ersatzwirtschaftsgutes (Funktionsgleichheit!) innerhalb einer bestimmten Frist und Übertragung der aufgedeckten stillen Reserven auf die Anschaffungs-/Herstellungskosten (AK/HK), Einlage ist keine Ersatzbeschaffung
  - Übereinstimmung mit handelsrechtlichem Abschluss
- ▶ Definitionen
  - Entschädigung (Zahlung muss für ausgeschiedenes Wirtschaftsgut selbst und nicht für Folgeschäden erfolgen)
  - höhere Gewalt (z. B. Brand, Sturm, Überschwemmung, Diebstahl, unverschuldeter Unfall)
  - behördlicher Eingriff (z. B. Enteignung, behördliche Bauverbote, behördlich angeordnete Betriebsunterbrechung, Inanspruchnahme für Verteidigungszwecke)
  - Funktionsgleichheit (v. a. funktionsgleiche Nutzung)
  - bestimmte Frist (bewegliche Wirtschaftsgüter: spätestens im ersten Wirtschaftsjahr nach Ausscheiden, maßgebend: Anschaffung, Herstellung, Bestellung – bei Grundstücken/Gebäuden nach zwei Jahren – Bildung einer Rücklage für Ersatzbeschaffung, wenn diese ernstlich geplant und zu erwarten ist – Verlängerung der Fristen möglich, wenn glaubhaft, dass Ersatzbeschaffung ernsthaft geplant und zu erwarten ist, aus besonderen Gründen aber noch nicht durchgeführt wurde)
  - Übertragung (Abzug der aufgedeckten stillen Reserven von den AK/HK des Ersatzwirtschaftsgutes, evtl. nur anteilig, wenn Entschädigung größer ist als AK/HK)
- ▶ Ergänzender Vortragsinhalt
  - Ausscheiden eines Betriebsgrundstücks
  - Übertragung stiller Reserven des Grund und Bodens auf Grund und Boden, stiller Reserven des Gebäudes auf neu angeschafftes oder hergestelltes Gebäude
  - soweit Übertragung der bei Grund und Boden aufgedeckten stillen Reserven auf Anschaffungskosten des erworbenen Grund und Bodens nicht möglich, Übertragung auf Anschaffungs-, Herstellungskosten des Gebäudes möglich, und umgekehrt
- ▶ Ergänzender Vortragsinhalt
  - Entschädigung für Beschädigung eines Wirtschaftsguts infolge höherer Gewalt oder eines behördlichen Eingriffs

- Bildung einer Rücklage, wenn Reparatur in (dem Erhalt der Entschädigung) folgendem Wirtschaftsjahr
- Auflösung der Rücklage in voller Höhe bei Reparatur, spätestens nach zwei Jahren

▶ Ergänzender Vortragsinhalt
- Regelung auch bei Gewinnermittlung nach § 4 Abs. 3 EStG anwendbar (R 6.6 Abs. 5 EStR)
- Abzug der Entschädigungsleistung von Anschaffungs-, Herstellungskosten des Ersatzwirtschaftsguts, soweit diese den noch nicht abgesetzten Teil der Anschaffungs-, Herstellungskosten (Restbuchwert) des ausgeschiedenen Wirtschaftsguts übersteigt
- Berücksichtigung des Restbuchwertes im Wirtschaftsjahr der Zahlung der Entschädigung möglich, auch wenn Entstehung des Schadens und Erhalt der Entschädigung in unterschiedlichen Wirtschaftsjahren
- Entsprechendes gilt, wenn Schaden in späterem Wirtschaftsjahr beseitigt wird

Schlussbemerkung

Hinsichtlich Ziel und Regelungsinhalt Parallelen zur Vorschrift § 6b EStG (Übertragung stiller Reserven bei der Veräußerung bestimmter Anlagegüter); Unterschiede jedoch zum einen in abweichender Ausgestaltung der Übertragungsmöglichkeiten und zum anderen (vor allem) im Anwendungsbereich; § 6b EStG beliebtes Mittel der Bilanzpolitik, R 6.6 hingegen notwendiges Hilfsmittel zur Vermeidung der sofortigen Versteuerung (unvermeidbar und) ungewollt aufgedeckter stiller Reserven; R 6.6 EStR sichert in Härtefällen Fortbestand des Unternehmens.

R 6.6 EStR ist damit ein wichtiges steuerliches Instrument zur Vermeidung einer Gewinnrealisierung. Es ergibt sich die Frage, warum der Inhalt der Richtlinie noch nicht Gesetzesrang erlangt hat.

Thema 34 Wertaufholung und Wertbeibehaltung im Jahresabschluss

Einleitung

▶ Wertminderungen von Vermögensgegenständen unter die (fortgeführten) Anschaffungs-/ Herstellungskosten (AK/HK) können/müssen durch entsprechende Abschreibungen berücksichtigt werden

▶ entfallen die Gründe für die außerplanmäßigen Wertminderungen, sehen Handelsrecht/ Steuerrecht unterschiedliche Regelungen zur Wertaufholung/Wertbeibehaltung vor.

Hauptteil

▶ Handelsrecht
  – Wahlrecht: Beibehaltung niedriger Wertansatz oder Zuschreibung auf höheren Wert (auch Zwischenwerte möglich) bei handelrechtlichen Abschreibungen (ohne planmäßige, § 253 Abs. 5 HGB) und bei steuerrechtlicher Abschreibung (§ 254 HGB)
  – Zuschreibung max. bis zu den (planmäßig fortgeführten) AK/HK
  – nach Vornahme außerplanmäßiger Abschreibung mussten Einzelkaufleute, Personenhandelsgesellschaften und Genossenschaften handelsrechtlich bisher keine Zuschreibung vornehmen, wenn die Gründe für die Abschreibung weggefallen waren; bei Anlage- als auch bei Umlaufgütern konnte die Wertaufholung freiwillig erfolgen, so dass Bilanzansatz durch die bilanzpolitische Zielsetzung des Kaufmanns bestimmt war
  – für Kapitalgesellschaften galt dieses Zuschreibungswahlrecht nicht, sie waren zur Wertaufholung verpflichtet
  – neues Bilanzrecht (BilMoG) schreibt Wertaufholung für alle Kaufleute vor; auch Einzelkaufleute, Personenhandelsgesellschaften und Genossenschaften müssen einen Vermögensgegenstand, der außerplanmäßig abgeschrieben worden ist, wieder zuschreiben, wenn die Gründe für die außerplanmäßige Abschreibung weggefallen sind (§ 253 Abs. 5 Satz 1 HGB n. F.); Ausnahme: Geschäfts- oder Firmenwert (§ 253 Abs. 5 Satz 2 HGB n. F.).

▶ Steuerrecht, § 6 Abs. 1 Nr. 1 Satz 3 EStG
  – striktes Wertaufholungsgebot nach Teilwertabschreibung und Abschreibung für außergewöhnliche Abnutzung (Beweislast Unternehmer)
  – Zuschreibung auf die (fortgeführten) AK/HK oder aktuellen Teilwert (jährliche Prüfung eines von fortgeführten AK/HK abweichenden Wertansatzes, keine Zwischenwerte möglich)
  – fortgeführte AK/HK als Obergrenze einer Wertaufholung, Berücksichtigung planmäßiger Abschreibungen (linear, degressiv, auch erhöhte Absetzungen z. B. für Baudenkmale, Sonderabschreibungen, Abzüge nach § 6b EStG oder R 6.6 EStR; quasi „Schatten-Anlagebuchhaltung" zum Zwecke der Wertaufholung). Risiko möglicher Wertaufholung bei geringer Nutzungsdauer und/oder hoher (Sonder)Abschreibung gering
  – mit Ausdehnung des Wertaufholungsgebotes auf alle Kaufleute entspricht Handelsrecht im Wesentlichen Steuerrecht
  – steuerrechtliche Wertaufholung weicht von handelsrechtlicher Wertaufholung ab, als sie nicht auf die Gründe abstellt, die zur Werterhöhung geführt haben; handelsrechtlich muss Wertaufholung nur dann vorgenommen werden, wenn die Gründe, die für die außerplanmäßige Abschreibung maßgebend waren, entfallen sind; andere mögliche Gründe

für eine Wertsteigerung sind ohne Bedeutung; steuerrechtliche Teilwertabschreibung muss dagegen rückgängig gemacht werden, wenn der Wert des Wirtschaftsgutes wieder gestiegen ist; auf Gründe für die Wertsteigerung kommt es nicht an (vgl. § 7 Abs. 1 Satz 7 EStG)
- Sonderfall Geschäfts- oder Firmenwert: handelsrechtliche Wertaufholungsverbot für den derivativen Geschäfts- oder Firmenwert gibt es im Steuerrecht nicht; steuerrechtlich wird entgeltlich erworbener und selbst geschaffene Geschäfts- oder Firmenwert wie ein Wirtschaftsgut behandelt, so dass die Zuschreibungspflicht auch für den Geschäfts- oder Firmenwert gilt (Einheitstheorie); Handelsrecht stellt dagegen auf die wirtschaftliche Ursache für die Wertsteigerung ab, die darin liegt, dass ein neuer Geschäfts- oder Firmenwert entstanden ist (Trennungstheorie); da selbst geschaffener Geschäfts- oder Firmenwert nicht aktiviert werden darf, ist die Wertaufholung handelsrechtlich unzulässig.

Schlussbemerkung

Anwendungsfälle in der Praxis insbesondere Gebäude und Beteiligungen

3. Betriebswirtschaft/Volkswirtschaft
Thema 35 Cashflow

Einleitung

Cashflow gibt den Innenfinanzierungsspielraum an, den das Unternehmen in der vergangenen Periode erwirtschaftet hat bzw. in der Planperiode erwirtschaften wird.

Indikator für Erfolg der unternehmerischen Tätigkeit

Hauptteil

- ▶ Definition des Cashflows ist nicht einheitlich in der Literatur festgelegt. Die gebräuchlichste Definition ist wie folgt:

	Ausgewiesener Jahresüberschuss
+	Abschreibungen auf Gegenstände des Anlagevermögens
−	Investitionen in immaterielle Vermögensgegenstände und Sachanlagen
+	Zuführungen zu Rückstellungen
−	Auflösungen von Rückstellungen
=	Cashflow I
−	Gewinnausschüttung
−	Steuern
=	Cashflow II

- ▶ je nach dem Verwendungszweck und Aussagezweck lässt sich der Cashflow modifizieren. So kann er z. B. um die neutralen und außerordentlichen Aufwendungen bereinigt werden. Man ermittelt dabei den ordentlichen und betrieblich bedingten Cashflow
- ▶ weiter kann der oben genannte Cashflow durch Gewinnausschüttung vermindert werden. Dies empfiehlt sich immer dann, wenn der Cashflow zur Beurteilung der Liquidität verwendet wird
- ▶ eine weitere Version des Cashflows ist dann gegeben, wenn die ertragsabhängigen Steuern zugeschlagen werden. Man spricht dann vom Brutto-Cashflow. Diese Cashflow-Zahl ist dann bereinigt von einer unterschiedlichen Ausschüttungspolitik der Unternehmen, die man im Vergleich hinsichtlich ihrer Ertragskraft darstellen will
- ▶ Cashflow dividiert durch Nettoinvestitionen gibt an, inwieweit die Nettoinvestitionen durch selbsterwirtschaftete Mittel gedeckt sind
- ▶ Cashflow kann als Indikator der Verschuldungsfähigkeit herangezogen werden, da Verbindlichkeiten letztlich nur aus selbst erwirtschafteten Mitteln getilgt werden können
- ▶ hierzu dient folgende Kennzahl der Verschuldungsfähigkeit: Cashflow dividiert durch Nettoverschuldung
- ▶ die Bedeutung, die die Praxis dem Cashflow als Indikator der Verschuldungsfähigkeit beimisst, ist sehr groß
- ▶ berechnet wird der Cashflow z. B. mit folgendem Verfahren:

Verfahren zur Ermittlung des Cashflow

	Jahresüberschuss	
+	nicht auszahlungswirksamer Aufwand	z. B. Abschreibungen, Bildung von Rücklagen, Pensionsrückstellungen
-	nicht einzahlungswirksame Erträge	z. B. Auflösung stiller Reserven
=	Cashflow	

Schlussbemerkung
- ▶ durch die Prognose des Cashflow aus der vergangenen Entwicklung kann man Schlüsse ziehen, inwieweit das Unternehmen in der Lage sein wird, die zum Wachstum notwendigen Sachinvestitionen aus selbsterwirtschafteten Mitteln zu tätigen, wichtige Forschungsprojekte auf diese Weise zu finanzieren und eine kontinuierliche Dividendenpolitik beizubehalten
- ▶ insgesamt kann der Cashflow herangezogen werden für Investitionen, zur Schuldentilgung und zur Gewinnausschüttung

Thema 37   Deckungsbeitragsrechnung

Einleitung

Häufig stellt sich erst am Ende eines Geschäftsjahres heraus, dass der Ertragserfolg ausblieb. Doch dann besteht keine Möglichkeit mehr, den Verlust auszugleichen bzw. ein unrentables Projekt rechtzeitig abzubrechen bzw. erst gar nicht zu starten.

Um zu ermitteln, inwieweit sich ein Projekt rentiert bzw. welche Ursachen die Kosten in die Höhe getrieben haben, wird zunächst jeder einzelne Teilbereich transparent gemacht. Dies betrifft sowohl die einzelnen Geschäftsbereiche als auch die einzelnen Sortimente und Sortimentsteile bis hin zu den Produkten. In ähnlicher Form zeigt sich auch, inwieweit einzelne Abteilungen oder sogar Mitarbeiter als Profit Center bzw. Kundengruppen und Kunden zum Unternehmensgewinn beitragen.

Hauptteil

- Kostenrechnungssystem, bei dem das einzelne Produkt im Rahmen der Kostenträgerrechnung nur mit den Kosten belastet wird, die ihm direkt zugerechnet werden können
- Verrechnung folgt damit dem Kostenverursachungsprinzip
- unabdingbare Voraussetzung für die Durchführung einer Deckungsbeitragsrechnung ist die Möglichkeit der Kostenauflösung, d. h. der Aufgliederung der Kosten in fixe und variable Bestandteile
- Aussageform der gut ausgebauten Deckungsbeitragsrechnung macht Marktplanung sowie technische und organisatorische Strukturen daraufhin transparent, ob sie insgesamt zum Ergebnisziel führen
- einstufige Deckungsbeitragsrechnung
  - von den Nettoerlösen jeder Produktart werden die variablen Kosten abgezogen, woraus sich der Deckungsbeitrag je Produktart ergibt
  - er informiert über die Deckung der Fixkosten und den Beitrag jeder Produktart zum Betriebserfolg
  - durch Addition der Deckungsbeiträge über alle Produktarten ergibt sich der Gesamtdeckungsbeitrag, der zur Deckung des gesamten Fixkostenblocks dient
- mehrstufige Deckungsbeitragsrechnung
  - Fixkosten werden im Gegensatz zur einstufigen Deckungsbeitragsrechnung nicht als ein Block behandelt, sondern aufgeteilt in Produktgruppen-, Kostenstellen-, Bereichs- und Unternehmensfixkosten und anschließend in mehreren Stufen verrechnet
  - Vorteil: Zusätzlich zu den Produktdeckungsbeiträgen können auch Deckungsbeiträge von Produktgruppen, Kostenstellen und Unternehmensbereichen dargestellt werden
  - besserer Einblick in die Erfolgsstruktur eines Unternehmens, weil negative Deckungsbeiträge Problembereiche in der Kostenstruktur anzeigen
  - Beispiel:
    - Deckungsbeitrag I:

      Umsätze eines Produkts – variable Kosten

- Deckungsbeitrag II:

  Deckungsbeitrag I - Fixkosten, die den Produkten verursachungsgerecht zugeordnet werden können (erzeugnisfixe Kosten)

- Deckungsbeitrag III:

  Deckungsbeitrag II - Fixkostenanteile, die nicht mehr dem einzelnen Erzeugnis, sondern nur noch bestimmten Erzeugnisgruppen zuordnen sind (erzeugnisgruppenfixe Kosten)

Schließlich bleiben Fixkosten übrig, die das Unternehmen betreffen und nicht mehr verursachungsgerecht zugeordnet werden können, die unternehmensfixen Kosten. Erst wenn man sie abzieht, zeigt die Summe den Gewinn an, den man mit dem jeweiligen Produkt erwirtschaftet hat.

Schlussbemerkung

▶ wesentliches Informationsinstrument für die unternehmerische Planung und Kontrolle:
  - Produktionsbereich:

    insbesondere Kennzahlen der Wirtschaftlichkeit, Bewertung von Engpässen, Kostenstellenkontrolle
  - Absatzbereich:

    Ermittlung absatzpolitisch relevanter Daten für kurzfristige Preisuntergrenze
  - Erfolgsrechnung:

    Bewertung von Halb- und Fertigfabrikaten

▶ Instrument zur Planung und Steuerung des Unternehmens zum Gewinnziel mit der Doppelaufgabe:
  - Entscheidungen in ihrer Auswirkung auf den Gewinn besser beurteilen zu helfen
  - Ziele in Zahlen zur Leistungsbeurteilung von Führungskräften zu formulieren

Thema 37 Kostenrechnung

Einleitung

- ▶ wesentlicher Bereich des Controlling
- ▶ Aufgabe: für Transparenz der im Unternehmen entstandenen Kosten zu sorgen, um so die Steuerung des Unternehmens zu ermöglichen
- ▶ Voraussetzung für Beantwortung folgender Fragestellungen:
  - Welche Kosten entstehen im Unternehmen?
  - In welcher Höhe tragen welche Produkte zur Deckung der Fixkosten bei?
  - Welche Abteilungen verursachen Kosten in welcher Höhe?

Hauptteil

- ▶ Kostenrechnung gliedert sich in drei Teilbereiche

  - Kostenartenrechnung   Welche Kosten existieren im Unternehmen?
  - Kostenstellenrechnung   Wo entstehen welche Kosten?
  - Kostenträgerrechnung   Wofür sind welche Kosten angefallen?
                            Wie viel kostet ein Produkt oder eine Dienstleistung?

- ▶ Basisinformationen für die Kostenrechnung stammen im Wesentlichen aus der Finanzbuchhaltung
- ▶ Ergebnisse der Kostenrechnung fließen bspw. in die kurzfristige Erfolgsrechnung
- ▶ Kostenrechnung – Teilbereiche
  - Kostenartenrechnung dient der Erfassung und Gliederung aller im Laufe der jeweiligen Periode angefallenen Kostenarten

    Grundfragestellung der Kostenartenrechnung lautet:

    Welche Kosten sind insgesamt in welcher Höhe angefallen?

  - Kostenstellenrechnung: Verteilung ermittelter Kosten auf die Betriebsbereiche (Kostenstellen), in denen die Kosten angefallen sind

    Fragestellung der Kostenstellenrechnung lautet:

    Wo sind welche Kosten in welcher Höhe angefallen?

    Betriebsabrechnungsbogen (BAB) verbindet die Erfassung von Kostenarten und Kostenstellen. In ihm werden die Gemeinkosten den einzelnen Kostenstellen zugeschlagen. Er dient weiterhin dazu, Kalkulationssätze zu berechnen.

  - Kostenträgerrechnung hat die Aufgabe die Stückkosten, für die von Ihnen produzierten Güter oder erbrachten Dienstleistungen (Kostenträger) zu ermitteln

    Grundfragestellung lautet hier:

    Wofür sind welche Kosten in welcher Höhe angefallen?

    Kostenträgerrechnung hat u. a. zur Aufgabe, Informationen für preispolitische Entscheidungen zu liefern

- ▶ im Rahmen der Kalkulation ist es möglich, bspw. Preisuntergrenzen zu berechnen oder die Selbstkosten für ein Produkt oder eine Dienstleistung zu ermitteln.

- ergänzender Vortragsinhalt:

  nach zeitlichen Gesichtspunkten lassen sich die Vor-, Zwischen- und Nachkalkulation unterscheiden
  - Vorkalkulation: vor Auftragsvergabe durchgeführte Kalkulation.

    Kunde entscheidet auf Basis dieser Kalkulation über Annahme oder Ablehnung des Auftrags.
  - Nachkalkulation:
    - nach Auftragsabwicklung durchgeführte Kalkulation
    - Ermittlung tatsächlich angefallener Kosten (Ist-Kosten) eines Produktes oder einer Dienstleistung
    - insbesondere für die kurzfristige Erfolgskontrolle relevant
  - Zwischenkalkulation:
    für Produkte mit sehr langer Fertigungsdauer erforderlich

    Weitere Kalkulationsverfahren sind die Divisionskalkulation, die Zuschlagskalkulation und die Kuppelkalkulation.

Schlussbemerkung

- auf den Teilbereichen der Kostenrechnung bauen Kostenrechnungssysteme auf
  - Vollkostenrechnung

    in der Praxis am meisten angewandte Verfahren, wenngleich es eine Reihe von Mängeln aufweist

    Problem:

    Verteilung der Kosten, die nicht unmittelbar durch die einzelnen Leistungen verursacht wurden
  - Teilkostenrechnung zur Lösung dieses Problems

    Verrechnung lediglich bestimmter Teile der ermittelten Kosten auf die Kostenträger, während die restlichen Kosten als Block in das Betriebsergebnis einfließen.
- Deckungsbeitragsrechnung

  basiert auf Teilkostenrechnung
  - Frage: Wie sehr trägt ein Produkt oder eine Dienstleistung zur Deckung der allgemeinen (übrigen) Kosten bei?
  - übrige Kosten sind die Kosten, die im Unternehmen generell anfallen, z. B. für die Verwaltung oder den gemeinsam genutzten Fuhrpark. Sie können keinem Projekt oder Auftrag direkt zugerechnet werden
  - je höher der ermittelte sogenannte Deckungsbeitrag ausfällt, desto höher ist der Gewinn insgesamt.

4. Erbrecht/Erbschaftsteuerrecht/Bewertungsrecht
Thema 38   Bewertung von Anteilen an Kapitalgesellschaften

Einleitung

- ▶ § 11 BewG: Kurswert (Abs. 1), Rücknahmepreis (Abs. 4, Anteilscheine), gemeiner Wert (Abs. 2 Satz 1, insbes. GmbH-Anteile)
- ▶ Kurswert/Rücknahmepreis unproblematisch, im Folgenden daher Methoden zur Ermittlung des gemeinen Werts

Hauptteil

- ▶ Ableitung aus Verkäufen, § 11 Abs. 2 Satz 2 BewG
  - Verkäufe im gewöhnlichen Geschäftsverkehr (nicht unter nahen Angehörigen); Durchschnittswert nach gewogenem Mittel
  - einzelner Verkauf reicht aus, soweit nicht Zwerganteil
  - Stichtagsprinzip: nur zeitnahe Verkäufe (weniger als ein Jahr vor Stichtag); Verkäufe nach Stichtag grds. unerheblich
- ▶ Schätzung nach „vereinfachtem Ertragswertverfahren" – §§ 199 – 203 BewG
  - basiert auf zwei Werten:
    1. zukünftig nachhaltig erzielbarer Jahresertrag (ermittelt aus dem Durchschnitt der letzten drei Jahre) ist mit einem
    2. Kapitalisierungsfaktor zu multiplizieren
  - für jedes Jahr des Betrachtungszeitraums – ausgehend von dem ertragsteuerlichen Gewinn nach § 4 Abs. 1 oder Abs. 3 EStG – muss ein Ertrag ermittelt werden; dabei sind bestimmte Hinzurechnungen/Kürzungen vorzunehmen, um einen „betriebswirtschaftlichen" Überschuss zu ermitteln; von diesem ist ein pauschalierter Abzug für die Ertragsteuern vorzunehmen;
  - durchschnittlicher Ertrag der letzten drei Jahre ist mit einem Kapitalisierungsfaktor zu multiplizieren; separat zu bewertende Vermögensgegenstände können diesem Wert noch hinzugerechnet werden
- ▶ nachhaltig erzielbarer Jahresertrag
  - Ausgangsgröße für die Bewertung; in der Vergangenheit tatsächlich erzielter Durchschnittsertrag der letzten drei vor dem Bewertungsstichtag abgelaufenen Wirtschaftsjahre; es sei denn: Charakter des Unternehmens hat sich in diesem Zeitraum nachhaltig verändert oder Unternehmen ist neu entstanden
  - in begründeten Ausnahmefällen kann anstelle des drittletzten Jahres auch das noch nicht ganz abgelaufene Wirtschaftsjahr heranzuziehen sein, wenn es für die Herleitung des künftig zu erzielenden Jahresertrags von Bedeutung ist (§ 201 Abs. 2 Satz 2 BewG)
  - Durchschnittsertrag wird aus der Summe der drei Referenzjahre gebildet, der durch drei zu dividieren ist; eine Gewichtung – wie sie noch beim Stuttgarter Verfahren zur Schätzung des gemeinen Werts nicht notierter Anteile bis zum 31.12.2008 notwendig war – wird nicht vorgenommen

4. Erbrecht/Erbschaftsteuerrecht/Bewertungsrecht

Thema 38

▶ Betriebsergebnis
- Vorgaben für die Ermittlung des Betriebsergebnisses in § 202 BewG; Ziel: normiertes, um außergewöhnliche und steuerliche Besonderheiten bereinigtes Ergebnis
- ob Gewinn nach § 4 Abs. 1, § 5 EStG oder § 4 Abs. 3 EStG ermittelt wurde (Betriebsvermögensvergleich/bilanzierender Unternehmer) ist unerheblich
- Normertrag erforderlich, daher: Korrektur des ertragsteuerlichen Gewinns um außergewöhnliche Ereignisse und durch ertragsteuerliche Gewinnermittlungsverfahren bedingte Besonderheiten

Der maßgebliche Ertrag ist dabei wie folgt zu ermitteln:

Rechtsvorschrift		Inhalt
§ 202 Abs. 1, 2 BewG		Ausgangswert: Gewinn
		bei Personengesellschaften bleiben Anteile aus Sonder- oder Ergänzungsbilanzen unberücksichtigt
§ 202 Abs. 1 Satz 2 Nr. 1 Buchst. a BewG	+	Investitionsabzugsbeträge, Sonderabschreibungen oder erhöhte Absetzungen, Bewertungsabschläge, Zuführungen zu steuerfreien Rücklagen sowie Teilwertabschreibungen. Es sind nur die normalen Absetzungen für Abnutzung (bei linearer Verteilung) zu berücksichtigen
§ 202 Abs. 1 Satz 2 Nr. 1 Buchst. b BewG	+	Absetzungen auf den Geschäfts- oder Firmenwert oder auf firmenwertähnliche Wirtschaftsgüter
§ 202 Abs. 1 Satz 2 Nr. 1 Buchst. c BewG	+	einmalige Veräußerungsverluste sowie außerordentliche Aufwendungen
§ 202 Abs. 1 Satz 2 Nr. 1 Buchst. d BewG	+	im Gewinn nicht enthaltene Investitionszulagen, soweit in Zukunft mit weiteren zulagebegünstigten Investitionen in gleichem Umfang gerechnet werden kann
§ 202 Abs. 1 Satz 2 Nr. 1 Buchst. e BewG	+	Ertragsteueraufwand (Körperschaftsteuer, Zuschlagsteuern und Gewerbesteuer)
§ 202 Abs. 1 Satz 2 Nr. 1 Buchst. f BewG	+	Aufwendungen, die im Zusammenhang mit bestimmten separat zu bewertenden Vermögensteilen stehen (§ 200 Abs. 2, 4 BewG), vgl. dazu auch unten zu den besonders zu bewertenden Vermögensteilen
§ 202 Abs. 1 Satz 2 Nr. 2 Buchst. a BewG	−	gewinnerhöhende Auflösungsbeträge steuerfreier Rücklagen sowie Gewinne aus der Anwendung des § 6 Abs. 1 Nr. 1 Satz 4 und Nr. 2 Satz 3 EStG
§ 202 Abs. 1 Satz 2 Nr. 2 Buchst. b BewG	−	einmalige Veräußerungsgewinne sowie außerordentliche Erträge
§ 202 Abs. 1 Satz 2 Nr. 2 Buchst. c BewG	−	im Gewinn enthaltene Investitionszulagen, soweit in Zukunft nicht mit weiteren zulagebegünstigten Investitionen in gleichem Umfang gerechnet werden kann

§ 202 Abs. 1 Satz 2 Nr. 2 Buchst. d BewG	-	ein angemessener Unternehmerlohn, soweit in der bisherigen Ergebnisrechnung kein solcher berücksichtigt worden ist. Die Höhe des Unternehmerlohns wird nach der Vergütung bestimmt, die eine nicht beteiligte Geschäftsführung erhalten würde. Neben dem Unternehmerlohn kann auch ein fiktiver Lohnaufwand für bislang unentgeltlich tätige Familienangehörige des Eigentümers berücksichtigt werden
§ 202 Abs. 1 Satz 2 Nr. 2 Buchst. e BewG	-	Erträge aus der Erstattung von Ertragsteuern (Körperschaftsteuer, Zuschlagsteuern und Gewerbesteuer)
§ 202 Abs. 1 Satz 2 Nr. 2 Buchst. f BewG	-	Erträge, die im Zusammenhang mit bestimmten – separat zu bewertenden – Vermögensteilen stehen (§ 200 Abs. 2 – 4 BewG), vgl. dazu auch unten zu den besonders zu bewertenden Vermögensteilen
§ 202 Abs. 1 Satz 2 Nr. 3 BewG	+	sonstige wirtschaftlich nicht begründete Vermögensminderungen mit Einfluss auf den zukünftig nachhaltig zu erzielenden Jahresertrag und mit gesellschaftsrechtlichem Bezug, soweit sie nicht nach den Nummern 1 und 2 berücksichtigt wurden (z. B. überhöhte geleistete Pachtzahlungen an verbundene Unternehmen)
§ 202 Abs. 1 Satz 2 Nr. 3 BewG	-	sonstige wirtschaftlich nicht begründete Vermögenserhöhungen mit Einfluss auf den zukünftig nachhaltig zu erzielenden Jahresertrag und mit gesellschaftsrechtlichem Bezug, soweit sie nicht nach den Nummern 1 und 2 berücksichtigt wurden (z. B. überhöhte erhaltene Pachtzahlungen von verbundenen Unternehmen)
	=	Betriebsergebnis
§ 202 Abs. 3 BewG	-	Abschlag von 30 % auf ein positives Betriebsergebnis zur Abgeltung des Ertragsteueraufwands
§ 210 BewG	=	maßgeblicher Jahresertrag

▶ Körperschaftsteuer/Gewerbesteuer darf zwar den Gewinn nicht mindern, bei einem bilanzierenden Unternehmer sind die Steuern aber bei dem Ergebnis nach § 4 Abs. 1 Satz 1 EStG – auch in 2008 und 2009 bezüglich der Gewerbesteuer – erfolgsmindernd berücksichtigt. Die Steuerbeträge werden erst außerbilanziell – z. B. bei der Gewerbesteuer nach § 4 Abs. 5b EStG – dem ertragsteuerlichen Gewinn hinzugerechnet. Da das vereinfachte Ertragswertverfahren nicht an den endgültigen steuerlichen Gewinn, sondern an das Ergebnis nach § 4 Abs. 1 Satz 1 EStG anknüpft, ist auch in 2008 ff. die Gewerbesteuerbelastung als Abzugsposition zu berücksichtigen

▶ Problem: Abzug eines angemessenen Unternehmerlohns –> Erfahrungswerte jeweiliger Branche

▶ Summe des für jedes einzelne in den Drei-Jahreszeitraum einzubeziehende Wirtschaftsjahr ermittelten Jahresertrags ist durch drei zu dividieren

- ▶ Kapitalisierungsfaktor
  - Kernpunkt des vereinfachten Ertragswertverfahrens; langfristige Rendite für längerfristige öffentliche Anleihen ausgegangen werden; Zinssatz der Deutschen Bundesbank (§ 203 Abs. 2 BewG); im Bundessteuerblatt veröffentlicht; gilt für alle Bewertungen dieses Jahres; ist um einen Risikozuschlag von 4,5 % zu erhöhen
  - für alle Bewertungen in 2011 ist von einem Kapitalisierungszinssatz von 7,63 % auszugehen Der Kapitalisierungsfaktor ist dann der Kehrwert des Kapitalisierungszinssatzes (§ 203 Abs. 3 BewG), für 2009 somit 13,11
- ▶ Mindestwert
  - unabhängig vom individuellen Bewertungsverfahren
  - mindestens ist die Summe der gemeinen Werte der Einzelwirtschaftsgüter und der sonstigen aktiven Ansätze abzüglich der Schulden und sonstigen Abzüge des Unternehmens anzusetzen (Substanzwert nach Verkehrswerten)

Schlussbemerkung
- ▶ Problem Unternehmerlohn
- ▶ Ermittlung Mindestwert sehr aufwendig
- ▶ Betriebsgrundstücke: Streichung des § 99 Abs. 2 BewG; Grundstücke insoweit dem Gewerbebetrieb zuzurechnen, wie sie ertragsteuerrechtlich Betriebsvermögen darstellen
- ▶ im Regelfall deutlich höhere Werte für die Erbschaft- und Schenkungsteuer durch neue Bewertungsvorschriften
- ▶ Übergangsregelung nach Art. 3 des ErbStRG; Wahlrecht

Thema 39 Bewertung von Grundstücken

Einleitung
- Ermittlung von Verkehrswerten nach typisierenden Bewertungsverfahren
- „alte" Bedarfswerte nur noch für die Grunderwerbsteuer von Bedeutung

Hauptteil
- Bewertung unbebauter Grundstücke
  - Definition wirtschaftlicher Einheit „unbebaute Grundstücke", § 145 Abs. 1, 2 BewG.
  - Ansatz aktueller Bodenrichtwert vor dem Besteuerungszeitpunkt, § 179 BewG
  - kein pauschaler Abschlag von 20 % mehr (§ 179 Satz 1 BewG)
  - Bodenrichtwerte werden von den Gutachterausschüssen nach dem Baugesetzbuch ermittelt und den Finanzämtern mitgeteilt
- Bewertung bebauter Grundstücke
  - Definition wirtschaftlicher Einheit „bebaute Grundstücke", § 146 Abs. 1 i.V. mit § 145 Abs. 1 BewG, auch Wohnungseigentum/Teileigentum, § 146 Abs. 7 BewG
  - Ermittlung Verkehrswert unter Berücksichtigung allgemein anerkannter Bewertungsverfahren, in Anlehnung an die Wertermittlungsverordnung
  - Wohnungseigentum, Teileigentum sowie Ein- und Zweifamilienhäuser: vorrangig Vergleichswertverfahren, nachrangig das Sachwertverfahren
  - Mietwohngrundstücke sowie Geschäfts- und gemischt genutzte Grundstücke, für die sich auf dem örtlichen Grundstücksmarkt eine übliche Miete ermitteln lässt: Ertragswertverfahren, kann keine übliche Miete ermittelt werden: Sachwertverfahren
  - sonstige bebaute Grundstücke: Sachwertverfahren
  - Escape-Klausel: Möglichkeit, einen unter dem Steuerwert liegenden Verkehrswert nachweisen zu können (§ 198 BewG); Vermeidung Übermaßbesteuerung
- Vergleichswertverfahren
  - Ansatz Kaufpreis solcher Grundstücke, die hinsichtlich der ihren Wert beeinflussenden Merkmale mit dem zu bewertenden Grundstück hinreichend übereinstimmen (§ 183 BewG)
  - Alternative: Ansatz von Vergleichsfaktoren; Bodenwert gesondert zu berücksichtigen (§ 179, § 183 Abs. 2 BewG); Bewertung von Eigentumswohnungen
  - liegen für Eigentumswohnungen, Teileigentum oder Ein- bzw. Zweifamilienhäuser keine Vergleichspreise vor, erfolgt Bewertung im Sachwertverfahren, unabhängig davon, ob die Objekte vermietet sind oder eigengenutzt werden (§ 182 Abs. 4 BewG).
- Ertragswertverfahren
  - für Mietwohngrundstücke (§ 181 Abs. 3 BewG) sowie für Geschäfts- (§ 181 Abs. 6 BewG) und gemischt genutzte Grundstücke (§ 181 Abs. 7 BewG) anzuwenden, für die sich auf dem örtlichen Grundstücksmarkt eine übliche Miete ermitteln lässt (sog. Renditeobjekte; § 182 Abs. 3 BewG)
  - Ertragswertverfahren (§ 184 Abs. 1 BewG): Grundstückswert = Bodenwert + Gebäudeertragswert

- Bodenwert: Grundstücksfläche x aktueller Bodenrichtwert nach den Grundsätzen des § 179 BewG (§ 184 Abs. 2 BewG); Bodenwert = Mindestwert für das Grundstück (§ 184 Abs. 3 Satz 2 BewG)
- Gebäudeertragswert: Jahresnettokaltmiete/übliche Miete (§ 185 Abs. 1 i.V. mit § 186 BewG, § 146 Abs. 2 BewG) - Bewirtschaftungskosten (§ 185 Abs. 1, § 187 Abs. 1, 2 BewG) = Reinertrag des Grundstücks - Bodenverzinsung (§ 185 Abs. 2, § 188 Abs. 1, 2 BewG) = Gebäudereinertrag x Vervielfältiger (§ 185 Abs. 3, Anlage 21 und 22 zum BewG) = Gebäudeertragswert; ggf. niedrigerer, nachgewiesener Verkehrswert
- Außenanlagen sind regelmäßig mit dem Ertragswert des Gebäudes erfasst und nicht gesondert zu berücksichtigen (§ 184 Abs. 3 Satz 3 BewG).

▶ Sachwertverfahren
- für Grundstücke, für die sich kein geeigneter Vergleichswert feststellen lässt, sowie Geschäfts- und gemischt-genutzte Grundstücke, für die sich am örtlichen Grundstücksmarkt keine übliche Miete ermitteln lässt; sonstige bebaute Grundstücke (§ 182 Abs. 4 BewG)
- Bodenwert, Gebäudewert, Wert der Außenanlagen und Wert für andere bauliche Einrichtungen (Anlehnung an §§ 21 – 25 WertV); Komponenten sind separat zu bewerten; von Normalherstellungskosten, verringert um die Wertminderung wegen Alters und eventuellen Baumängeln und -schäden auszugehen
- auf gesonderten Ansatz der Außenanlagen kann i.d.R. verzichtet werden (§ 189 Abs. 1 Satz 2 BewG)
- Bodenwert: Wert eines vergleichbaren unbebauten Grundstücks (§ 179 BewG; vgl. § 189 Abs. 2 BewG)
- Gebäudesachwert: getrennte Ermittlung (§ 189 Abs. 1 Satz 1 BewG); Regelherstellungskosten des Gebäudes (§ 190 Abs. 1 Satz 1 BewG) = gewöhnliche Herstellungskosten je Flächeneinheit; Gebäuderegelherstellungswert (= Neuwert) ergibt sich durch Multiplikation der jeweiligen Regel-/Normalherstellungskosten mit den Flächeneinheiten des Gebäudes; Anlage 24 zum BewG
- Gebäuderegelherstellungswert ist um eine Alterswertminderung zu kürzen (§ 190 Abs. 2 Satz 1 BewG); bestimmt sich i.d.R. nach Alter des Gebäudes im Besteuerungszeitpunkt und einer typisierten wirtschaftlichen Gesamtnutzungsdauer (Ein- und Zweifamilienhauses 80 Jahre); verbleibender Gebäudesachwert mindestens 40 % des Gebäuderegelherstellungswerts (§ 190 Abs. 2 BewG)
- keine Wertminderungen wegen grundstücksmindernder Umstände
- Bodenwert und Gebäudewert ergeben zusammen den vorläufigen Sachwert des Grundstücks (§ 189 Abs. 3 Satz 1 BewG); wird zur Anpassung an den gemeinen Wert mit einer Wertzahl multipliziert (§ 189 Abs. 3 Satz 2 BewG); Wertzahlen für das typisierende Sachwertverfahren bestimmen sich nach § 191 BewG.
- um die Wertzahlen korrigierte vorläufige Sachwert soll den Grundstückswert nach Verkehrswertgesichtspunkten widerspiegeln; Möglichkeit, einen niedrigeren Grundstückswert nachweisen zu können (§ 198 BewG)

Thema 39

Schlussbemerkung

- Unter Beachtung der obigen Bewertungsgrundsätze wird es beim Grundbesitz künftig zu höheren, teils stark erhöhten Werten kommen. Ab Inkrafttreten des Erbschaftsteuerreformgesetzes (1.1.2009) ist zwingend das neue Bewertungsrecht anzuwenden
- zahlreiche Sonderfälle (Erbbaurechte, Gebäude auf fremden GruBo, Gebäude im Zustand der Bebauung)
- komplizierte und damit streitanfällige Bewertungsverfahren

Thema 40   Gemischte Schenkung/Schenkung unter Auflage

Einleitung

- Schenkung unter Auflage (§ 525 BGB): „Aus" geschenktem Gegenstand muss Leistung erbracht werden (Auflage = Einschränkung der Schenkung); i. d. R. soll die Auflage aus den Erträgen der Schenkung bewirkt werden bzw. beschränkt Nutzung der Schenkung (z. B. Übernahme Grundschuld, Nießbrauch)
- gemischte Schenkung (gesetzlich nicht geregelt): teils entgeltlich, teils unentgeltlich (z. B. teilentgeltliche vorweggenommene Erbfolge); soweit entgeltlich = Leistungsaustausch ≠ Bereicherung

Hauptteil

Steuerliche Behandlung

- Schenkung unter Auflage
  - Schenkungsteuer: Berücksichtigung des Steuerwertes der Schenkung nach Abzug der Belastung; Bewertung der Auflage (z. B. Nießbrauch, dingliches Wohnrecht) nach §§ 13–16 BewG; Abzugsverbot nach § 25 Abs. 1 ErbStG entfallen (beachte jedoch § 10 Abs. 9 ErbStG)
  - Bilanzsteuerrecht/Einkommensteuer: unentgeltlicher Erwerb; Wert der Schenkung > 50 % des Barwerts der Auflage => Auflage = Versorgungsleistungen => Sonderausgabenabzug (in vollem Umfang), § 10 Abs. 1 Nr. 1a EStG
- gemischte Schenkung
  - Schenkungsteuer: Berücksichtigung des Steuerwertes der Schenkung, soweit unentgeltlich
  - Bilanzsteuerrecht/Einkommensteuer: abschreibungsfähige Anschaffungskosten, soweit entgeltlich – Fortführung der AfA des Rechtsvorgängers soweit unentgeltlich; Eigenheimzulage, soweit entgeltlich

Schlussbemerkung

Besonderheiten: Gleichbehandlung von gemischter Schenkung und Schenkung unter Auflage, wenn Auflage = Leistungsauflage (Übernahme von Schulden, Versorgungsleistungen, Gleichstellungsgeld ...)

Thema 41 Vorweggenommene Erbfolge aus Sicht der Erbschaft-, Schenkungsteuer und Einkommensteuer

Einleitung

▶ Vorweggenommene Erbfolge = Vermögensübertragung unter Lebenden mit Rücksicht auf die künftige Erbfolge

▶ Neuregelung der Vermögensübertragungen im Rahmen vorweggenommener Erbfolge durch das JStG 2008 (→ Beschränkung auf betriebliche Vermögensübertragungen; § 10 Abs. 1 Nr. 1a, 1b EStG)

▶ denkbar insbesondere Schenkung, gemischte Schenkung

Hauptteil

▶ Schenkung

Erbschaft-, Schenkungsteuer: Steuerpflicht (§ 1 Abs. 1 Nr. 2 i.V. mit § 7 ErbStG); Entstehung der Steuer mit Ausführung der Schenkung (§ 9 Abs. 1 Nr. 2 ErbStG); Wertermittlung (§§ 10–13a ErbStG i.V. mit BewG); Berechnung der Steuer (§§ 14–19a ErbStG), Steuerfestsetzung und Erhebung (§§ 20–35 ErbStG)

Einkommensteuer: unentgeltlicher Erwerb; Abschreibung gem. § 11d EStDV (Privatvermögen), Betrieb/Teilbetrieb/Mitunternehmeranteil: Buchwertfortführung (§ 6 Abs. 3 EStG); Übertragung unentgeltlich erworbenen Grundstücks vom Betriebsvermögen auf anderes Betriebsvermögen: gemeiner Wert (§ 6 Abs. 4 EStG); Einlage unentgeltlich erworbenen Grundstücks: Teilwert (§ 6 Abs. 1 Nr. 5 EStG)

▶ gemischte Schenkung

Erbschaft-, Schenkungsteuer: Berücksichtigung des Steuerwertes der Schenkung, soweit unentgeltlich (insoweit s. o.)

Einkommensteuer: Aufteilung entgeltliches/unentgeltliches Rechtsgeschäft; (abschreibungsfähige) Anschaffungskosten, soweit entgeltlich; Eigenheimzulage: teilentgeltlicher Erwerb, damit Bemessungsgrundlage = tatsächlich entrichteter Kaufpreis (einschließlich Anschaffungsnebenkosten wie z. B. die Grunderwerbsteuer, Notar- und Gerichtsgebühren, nicht Schenkungsteuer als Teil des unentgeltlichen Erwerbs), keine Kürzung des Förderhöchstbetrags im Umfang des unentgeltlichen Erwerbs.

Schlussbemerkung

Leistungen in Zusammenhang mit Vermögensübertragungen:

▶ Unterhaltsleistungen

▶ Versorgungsleistungen

▶ Entgelt

Thema 42 Wertermittlung und Steuerberechnung in der Erbschaft-, Schenkungsteuer

Einleitung

▶ Wertermittlung ist die Bemessungsgrundlage der Erbschaftsteuer

▶ Die Bemessungsgrundlage ist dann Ausgangspunkt für die Steuerberechnung

Hauptteil

▶ Wertermittlung (§§ 10 – 13a ErbStG)

– was?

Bereicherung = Erwerb, soweit nicht steuerbefreit, abzüglich Nachlassverbindlichkeiten (Erblasserschulden/Erbfallschulden ...)

  – grundsätzlich gemeiner Wert und bei Immobilien sog. Grundbesitzwert

  – Steuerbefreiungen z. B. Hausrat/bewegliche körperliche Gegenstände (Freibetrag 12 000 bzw. 41 000 €), Kunstgegenstände, eigengenutztes Haus, Zuwendung für Unterhalt und Ausbildung, Entgelt für Pflege und Unterhalt, Verzicht Pflichtteil/Erbersatzanspruch (§ 13 ErbStG); inländisches Betriebsvermögen i. S. des § 12 Abs. 5 ErbStG, vorweggenommene Erbfolge § 13a ErbStG

  – Nachlassverbindlichkeiten, z. B. Kosten für Abwicklung Erbfall, Bestattungskosten (Pauschale 10 300 €), Einschränkung und Abzugsverbote nach § 10 Abs. 6 – 9 ErbStG

– wann?

Zeitpunkt der Entstehung der Steuer (§ 11 i. V. mit § 9 ErbStG: i. d. R. Tod Erblasser/Ausführung der Schenkung)

– wie? (s. o. „was")

Vorschriften des Bewertungsgesetzes, § 12 ErbStG

HINWEIS:

Renten/wiederkehrende Nutzungen, Leistungen: Kapitalwert, § 23 ErbStG

▶ Steuerberechnung (§§ 14 – 19a ErbStG)

  – Berücksichtigung früherer Erwerbe, § 14 ErbStG

  – Steuerklassen, § 15 ErbStG

  – Freibeträge: persönlicher Freibetrag (§ 16 ErbStG), Versorgungsfreibetrag (§ 17 ErbStG)

  – Steuersätze, § 19 ErbStG

  – Tarifbegrenzung, § 19a ErbStG

Schlussbemerkung

▶ Hinweis bei mehrfachem Erwerb desselben Vermögens, § 27 ErbStG

▶ umfangreiche Neuregelung 2009, begünstigt tendenziell Ehegatten Kinder, benachteiligt entfernte Angehörige

5. Ertragsteuerrecht

Thema 43 Abgrenzung Einkünfte aus Gewerbebetrieb und aus selbständiger Tätigkeit

Einleitung

- ▶ Nach der Legaldefinition des § 15 Abs. 2 EStG ist negatives Tatbestandsmerkmal eines Gewerbetreibenden die Ausübung eines freien Berufs oder eine andere selbständige Arbeit.
- ▶ Die freiberufliche Tätigkeit/sonstige selbständige Tätigkeit und die gewerbliche Tätigkeit schließen sich aus.

Hauptteil

- ▶ Prüfungsfolge:

  Freiberufliche Tätigkeit?
  - Katalog-Berufe oder
  - diesen ähnliche Berufe oder
  - wissenschaftlich/künstlerisch/schriftstellerisch/unterrichtend/erzieherisch und
  - selbständig ausgeübt (bei Fehlen: gewerbliche Tätigkeit) und
  - bei Mithilfe fachlich vorgebildeter Arbeitskräfte: leitend/eigenverantwortlich/aufgrund eigener Fachkenntnis (bei Fehlen: gewerbliche Tätigkeit):
    - Leitung: Organisation selbst bestimmen/Arbeiten seiner beruflich vorgebildeten Mitarbeiter kontrollieren
    - Eigenverantwortlichkeit: Übernahme der fachlichen Verantwortung („Persönlichkeitsstempel des Berufsträgers")
  - => freiberufliche Tätigkeit (+)

- ▶ Bedeutung der Abgrenzung
  - bei einer gewerblichen Tätigkeit
    - besteht Gewerbesteuerpflicht
    - wird die GewSt gem. § 35 EStG auf die ESt angerechnet
    - i. d. R. besteht Buchführungspflicht nach § 140 AO bzw. § 141 AO. Nur bei kleinen Gewerbebetrieben kann der Gewinn gem. § 4 Abs. 3 EStG ermittelt werden.
  - bei einer freiberuflichen Tätigkeit
    - besteht keine Gewerbesteuerpflicht
    - besteht keine Buchführungspflicht, Bücher können aber freiwillig geführt werden (Hinweis § 4 Abs. 3 EStG)

Schlussbemerkung

In der Praxis ist die Abgrenzung oftmals schwierig und stellt eine Einzelfallentscheidung dar. Wegen einer Vielzahl geregelter Einzelfälle (Richtlinien, Hinweise, Rechtsprechung, Literatur) ist diese Problematik ein komplexes Beratungsfeld.

Thema 44 Abschreibung von denkmalgeschützten Gebäuden

Einleitung

▶ Anstatt der Abschreibung nach § 7 Abs. 4 bzw. 5 EStG kann der Steuerpflichtige unter den Voraussetzungen des § 7i EStG erhöhte Absetzungen bei Baudenkmalen geltend machen.

Hauptteil

▶ begünstigtes Wirtschaftsgut
  – Gebäude/Gebäudeteile (auch unselbständig wie z. B. Wandmalerei)/Eigentumswohnungen/Räume im Teileigentum
  – Baudenkmale
    – Beurteilung erfolgt nach dem jeweiligen Landesrecht
    – ausreichend, wenn das WG – ohne Baudenkmal zu sein – Einheit einer geschützten Gebäudegruppe/Gesamtanlage ist (sog. Ensembleschutz)

▶ begünstigte Maßnahme

  Baumaßnahmen, die nach Art und Umfang

  – zur Erhaltung des Gebäudes oder Gebäudeteiles als Baudenkmal oder zu seiner sinnvollen Nutzung
  – bei einem Gebäude i. R. d. Ensembleschutzes zur Erhaltung des schützenswerten äußeren Erscheinungsbildes der Gesamtanlage/Gebäudegruppe

  erforderlich waren.

▶ Bescheinigung
  – Bescheinigungsbehörde: nach Landesrecht zuständige Denkmalbehörde
  – wesentlicher Umfang der Bescheinigung: Vorliegen einer Baudenkmaleigenschaft sowie Vorliegen einer begünstigten Maßnahme dem Grunde und der Höhe nach
  – Bescheinigung ist Grundlagenbescheid

▶ Bemessungsgrundlage: HK/AK abzüglich der gewährten Zuschüsse

▶ Vornahme der AfA:
  – 8 Jahre bis zu 9 % (bei Herstellung beginnend im Jahr der Herstellung/bei Anschaffung beginnend im Jahr des Abschlusses der Baumaßnahme)
  – anschließend 4 Jahre bis zu 7 %

Schlussbemerkung

▶ Wichtiges Beratungsfeld: Häufig werden größere denkmalgeschützte Objekte von Bauträgern o. Ä. erworben und von diesen in Wohnungs-/Teileigentum aufgeteilt, an verschiedene Erwerber veräußert und anschließend saniert.

▶ Der Inlandsbezug verstößt möglicherweise – ähnlich wie bei der degressiven Gebäudeabschreibung – gegen das Europarecht.

Thema 45 Außergewöhnliche Belastungen

Einleitung

▶ Prinzip der Besteuerung nach der Leistungsfähigkeit im Steuerrecht

▶ Aufwendungen, die nicht Betriebsausgaben (BA), Werbungskosten (WK), abzugsfähige Kinderbetreuungskosten oder Sonderausgaben (SA) sind, können nach diesem Prinzip unter bestimmten Voraussetzungen und in begrenzter Höhe steuerlich zu berücksichtigen sein

Hauptteil

▶ Begriff allgemein (§ 33 Abs. 1, 2 EStG)

- Aufwendungen: entgangene Einnahmen oder Eintritt eines Vermögensschadens reichen nicht aus (Aufwendungen für Schadensbeseitigung – Wiederbeschaffung Hausrat, Reparatur eines durch Hochwasser beschädigten Hauses, können zu agB führen); erhaltener Gegenwert (z. B. Erstlingsausstattung bei Geburt) schließt agB aus (nicht bei krankheitsbedingten Hilfsmitteln wie Zahnersatz, Brille, ...)

- Aufwendungen sind zwangsläufig entstanden und höher als bei vergleichbaren Steuerpflichtigen. Sie sind dem Grunde und der Höhe nach außergewöhnlich

- Zwangsläufigkeit: Aufwendungen sind notwendig und beruhen auf rechtlichen, tatsächlichen oder sittlichen Gründen

- Aufwendungen dürfen angemessenen Betrag nicht übersteigen, § 33 Abs. 2 Satz 1 EStG. Beispiel: Kfz-Kosten behinderter Menschen max. in Höhe der Pauschbeträge (0,30 € je km) und max. 3 000 bis 15 000 km (je nach Schwere der Behinderung)

- keine BA, WK, SA, Kinderbetreuungskosten (§ 33 Abs. 2 Satz 2 EStG); Ausnahme für Kosten der Berufsausbildung, für Haushaltshilfen und für Schulgeld, soweit die SA-Höchstbeträge überschritten werden

- Beispiele: Arztkosten, Bestattungskosten, Scheidungskosten, soweit sie vom Steuerpflichtigen tatsächlich getragen werden

- Zufluss-Abfluss-Prinzip maßgebend (§ 11 EStG), Ausnahme: zu erwartende Ersatzleistungen sind im Abflussjahr der Aufwendungen bereits gegenzurechnen

▶ Verfahren der Berücksichtigung

- Abzug der außergewöhnlichen Belastung auf Antrag vom Gesamtbetrag der Einkünfte, soweit die zumutbare Belastung überschritten wird

- Zumutbare Belastung: 1 % bis 7 % des Gesamtbetrags der Einkünfte, gestaffelt nach Höhe des Gesamtbetrags der Einkünfte sowie nach Kinderzahl (vgl. Tabelle § 33 Abs. 3 EStG)

▶ Außergewöhnliche Belastung in besonderen Fällen und Pauschbeträge (§§ 33a, 33b EStG)

- Festlegung von Höchst-/Pauschbeträgen zum Abzug vom Gesamtbetrag der Einkünfte in bestimmten Fällen

- Unterhalts- und Berufsausbildungskosten für Unterhaltsberechtigte, die nicht Kinder sind und über kein/nur geringes Vermögen verfügen bis 8 004 €, Anrechnung eigener Einkünfte/Bezüge ist zu beachten (§ 33a Abs. 1 EStG)

- Ausbildungsfreibeträge für auswärtig untergebrachte volljährige Kinder (924 €); Anrechnung eigener Einkünfte/Bezüge ist zu beachten (§ 33a Abs. 2 EStG)

- Behindertenpauschbeträge gestaffelt nach Grad der Behinderung, besondere Pauschbeträge bei Blinden/Hilflosen, Hinterbliebenen und Pflegepersonen (vgl. § 33b EStG)

Schlussbemerkung

Problematik der Ermittlung eigener Einkünfte/Bezüge für die Beratungspraxis

Komplexes und damit schwieriges Beratungsfeld, aufgrund:

▶ Wahlrechte wie z. B. Inanspruchnahme des Behinderten-Pauschbetrags oder Geltendmachung tatsächlicher Kosten oder verschiedenartige Berücksichtigung von Pflegekosten (Krankheitskosten, Haushaltshilfe, Pflege-Pauschbetrag …)

▶ Vielzahl geregelter Einzelfälle (Richtlinien, Hinweise, Rechtsprechung)

Wichtige Lenkungsnormen für politische Zielsetzungen (Unterstützung von Hochwasseropfern, Sozialpolitik …)

▶ Aufwendungen für Pflege und Betreuung/Heimunterbringung können zur Steuerermäßigung nach § 35a Abs. 2 EStG führen.

▶ Gesetzliche Regelung zum Nachweis der Zwangsläufigkeit mit Steuervereinfachungsgesetz 2011.

Thema 46 Außerordentliche Einkünfte in der Einkommensteuer

Einleitung

▶ Im Steuerrecht gelten die Grundsätze der Besteuerung nach der Leistungsfähigkeit, sowie der Gleichmäßigkeit der Besteuerung

▶ Grundsätze sollen bei bestimmten, außerordentlichen (= ungewöhnlich hohen) Einkünften durch ermäßigte Besteuerung gewahrt werden

Hauptteil

▶ außerordentliche Einkünfte (§ 34 Abs. 2 EStG)
  - Veräußerungsgewinne (§§ 14, 14a, 16, § 18 Abs. 3 EStG), bestimmte Entschädigungen (§ 24 Nr. 1 EStG: Abfindungen, Ausgleichszahlung Handelsvertreter), Vergütungen für mehrjährige Tätigkeiten (z. B. Zahlung anlässlich Arbeitnehmerjubiläum) als Hauptanwendungsfälle
  - wichtiges Kriterium: Zusammenballung von Einkünften (= i. d. R. Zufluss in einem Jahr für mehrere Jahre)

▶ besondere Berechnung der Einkommensteuer nach § 34 EStG
  - Voraussetzung: außerordentliche Einkünfte (a. o. E) liegen vor
  - Steuerberechnung allgemein (§ 34 Abs. 1 EStG, „Fünftel-Regelung"):

	ESt auf zvE	+	1/5 der a. o. E.
./.	ESt auf zvE	ohne	a. o. E.
=	Unterschiedsbetrag		

  multipliziert mit Faktor 5

  - Sonderfall Veräußerungsgewinn: Wahlrecht Besteuerung nach „Fünftel-Regelung" oder mit 56 % des durchschnittlichen Steuersatzes (mind. 14 %), wenn Steuerpflichtiger älter als 55 Jahre oder dauernd berufsunfähig; max. 5 Mio. € a. o. E. (§ 34 Abs. 3 EStG)

Schlussbemerkung

▶ Wichtiger Beratungsbereich bei Veräußerungsgewinnen wegen alternativer Besteuerungsmöglichkeit

▶ Hinweis auf gesonderten § 34b EStG für außerordentliche Einkünfte aus Forstwirtschaft

Thema 47 Betriebsaufspaltung

Einleitung

Betriebsaufspaltung (BAuf) als Unternehmensform, bei der Vermögensbesitz (zumeist Produktionsanlagen, Gebäude) und betrieblicher Prozess auf zwei Unternehmen aufgeteilt wird. Entstehung in der Regel durch Aufteilung eines bestehenden Unternehmens in Besitzunternehmen (vielfach Einzelunternehmen oder Personengesellschaft) und Betriebsunternehmen (im Allgemeinen GmbH).

Gründe für eine Betriebsaufspaltung:

- Minderung von Haftungsrisiken, da lediglich Betriebsunternehmen nach außen in Erscheinung tritt, das wertvolle Anlagevermögen durch dieses jedoch nur gemietet/gepachtet ist und daher nicht dem Zugriff ihrer Gläubiger unterliegt (Eigentum des Besitzunternehmens)
- Kombination steuerlicher Vorteile des Einzelunternehmens/der Personengesellschaft mit denen einer Kapitalgesellschaft (z. B. Gewinnverlagerung zwischen den Gesellschaften über Pachtzahlungen; Minderung der Gewerbesteuer durch Betriebsausgaben der GmbH (Gehalt Geschäftsführung, Pensionszusage), Freibetrag bei Besitzunternehmen, Möglichkeit der Anrechnung der Gewerbesteuer

Hauptteil

- Voraussetzungen
    - sachliche Verflechtung: Besitzunternehmen überlässt an Betriebsunternehmen wesentliche Betriebsgrundlage zur Nutzung, und
    - personelle Verflechtung: Beherrschung von Besitz- und Betriebsunternehmen durch eine Person/Personengruppe
- Definitionen
    - wesentliche Betriebsgrundlage (i. d. R. Wirtschaftsgüter des Anlagevermögens, die für Betriebszweck erforderlich sind und besondere wirtschaftliche Bedeutung für Betrieb besitzen; Beispiele: Produktionsgebäude, -maschinen, Patente); Rechtsprechung tendiert dazu, im Ergebnis jedes betrieblich genutzte Grundstück als wesentliche Betriebsgrundlage anzusehen, es sei denn, es ist von geringer wirtschaftlicher Bedeutung
    - Beherrschung (einheitlicher geschäftlicher Betätigungswille durch Mehrheit der Anteile/Stimmen); offensichtlich bei Beteiligungsidentität (an beiden Unternehmen sind dieselben Personen im gleichen Verhältnis beteiligt), möglich auch bei ungleichen Beteiligungsverhältnissen (sog. Beherrschungsidentität – an beiden Unternehmen sind mehrere Personen in unterschiedlicher Höhe beteiligt, die zusammen in beiden Unternehmen über die Mehrheit der Stimmen verfügen); Ausnahmen: extrem entgegengesetzte Beteiligung oder Interessengegensätze

HINWEIS:

Möglichkeit fehlender personeller Verflechtung bei Einstimmigkeitsabreden

Thema 47

HINWEIS:

faktische Beherrschung (tatsächliche Beherrschung auch ohne ausreichende gesellschaftsrechtliche Beteiligung durch besondere Abhängigkeitsverhältnisse)

- Problemfelder
  - Abgrenzungsfragen bezüglich Wesentlichkeit, insbesondere bei Gebäuden (Beurteilung nach Funktion, nicht nach Wert)
  - Fragen der faktischen Beherrschung (Stichworte: Ehegatten, Einstimmigkeit, unterschiedliche Anteilsverhältnisse)
- Folgen bei Betriebsaufspaltung
  - Besitzunternehmen und Betriebsunternehmen jeweils selbständige gewerbliche Unternehmen
  - in der Regel keine korrespondierende Bilanzierung beider Unternehmen (Ausnahme: Pachterneuerungsrückstellung)
  - Gewerbesteuerpflicht
  - Ausschüttungen der Betriebsgesellschaft sind Betriebseinnahmen bei Besitzgesellschaft (Beachte: Teileinkünfteverfahren)
  - umsatzsteuerliche Organschaft durch finanzielle, wirtschaftliche, organisatorische Eingliederung der Betriebsgesellschaft (Organgesellschaft) in das Besitzunternehmen (Organträger)
  - Beendigung kann zur Betriebsaufgabe (Aufdeckung stiller Reserven) führen (Hinweis: Betriebsverpachtung denkbar)
- Gestaltungsformen
  - „echte" Betriebsaufspaltung (Aufspaltung eines Einzelunternehmens/einer Personengesellschaft durch Übertragung des gewerblichen Unternehmens auf neu gegründete Kapitalgesellschaft)
  - „unechte" Betriebsaufspaltung (bestehender [Betriebs-] Kapitalgesellschaft wird durch beherrschenden Gesellschafter wesentliche Betriebsgrundlage zur Nutzung überlassen)
  - mitunternehmerische Betriebsaufspaltung (Betriebsunternehmen = Personengesellschaft, insbes. GmbH & Co. KG)

HINWEIS:

umgekehrte Betriebsaufspaltung, kapitalistische Betriebsaufspaltung

Schlussbemerkung

Wichtiges Beratungsfeld wegen

- der Gefahr der Durchgriffshaftung des beherrschenden Gesellschafters der (Betriebs-) GmbH (z. B. wenn beherrschender Gesellschafter auch im Besitzunternehmen unternehmerisch tätig wird),

- der Risiken im Zusammenhang mit ungewollter Beendigung und
- der Möglichkeiten der Gestaltung der Betriebsübergabe durch Beteiligung von Familienangehörigen (Generationenwechsel).

Thema 48 Betriebsverpachtung

Einleitung

Betriebsverpachtung als Instrument, bei Aufgabe der eigentlichen Unternehmenstätigkeit durch den bisherigen Unternehmer die Aufdeckung stiller Reserven zu verhindern (z. B. zur Vorbereitung/im Zuge der Unternehmensnachfolge – „Betriebsübergabe auf Probe"). Verpächterwahlrecht: Betriebsfortführung durch betriebliche Verpachtung oder Betriebsaufgabe und private Verpachtung.

Hauptteil

▶ Voraussetzungen
  - Überlassung der wesentlichen Betriebsgrundlagen (i. d. R. Wirtschaftsgüter des Anlagevermögens, die für Betriebszweck erforderlich sind und besondere wirtschaftliche Bedeutung für Betrieb besitzen; Beispiele: Produktionsgebäude, -maschinen, Geschäftswert in Form der Geschäftsbeziehungen und -erfahrungen) zur Fortsetzung des Betriebs (Pachtvertrag)
  - Pächter tritt in laufende Verträge des Verpächters ein (z. B. Arbeitsverhältnisse)
  - Fortführung der Firma durch den Pächter möglich (beachte jedoch Haftung nach § 22 HGB)
  - nicht ausreichend ist die Vermietung einzelner Wirtschaftsgüter des Betriebsvermögens
  - Wiederaufnahme und Fortsetzung des bisherigen Betriebs muss nach Ende der Verpachtung möglich sein

▶ Rechtsfolgen
  - es werden weiterhin gewerbliche Einkünfte erzielt (keine Aufdeckung der stillen Reserven; Hinweis: Aktivierung Pachterneuerungsanspruch mit jährlich wachsendem Teilanspruch)
  - Zeitpunkt einer Betriebsaufgabe kann frei gewählt werden
  - Wegfall der Gewerbesteuerpflicht

▶ Problemfelder
  - zwingende Betriebsaufgabe z. B. bei erheblicher Umgestaltung der wesentlichen Betriebsgrundlagen (z. B. Vernichtung der Geschäftseinrichtung und Ausübung eines Gewerbes anderer Branche) sowie bei Veräußerung des Betriebsvermögens mit Ausnahme des Betriebsgrundstücks
  - Möglichkeit zur Erklärung der Betriebsaufgabe besteht jederzeit während der Verpachtung (eindeutige Betriebsaufgabeerklärung)
  - für Anerkennung des Aufgabezeitpunktes muss Aufgabeerklärung spätestens drei Monate nach diesem Zeitpunkt abgegeben werden

Schlussbemerkung

Wichtiges Beratungsfeld wegen der Gefahren im Zusammenhang mit ungewollter Beendigung. Mögliches Instrument, bei Wegfall der Voraussetzungen für die Betriebsaufspaltung die Aufdeckung stiller Reserven zu vermeiden.

Thema 49 Dualismus der Einkunftsarten

Einleitung
- Nach § 2 Abs. 2 EStG sind die sieben Einkunftsarten in zwei Gruppen eingeteilt:
  - Gewinneinkünfte
  - Überschusseinkünfte
- dementsprechend sieht das Gesetz eine unterschiedliche Einkünfteermittlung für beide Gruppen vor (sog. Dualismus der Einkünfteermittlung)

Hauptteil
- Gewinneinkünfte
  - Einkünfte = Gewinn/Verlust
  - Gewinnermittlungsarten nach dem EStG
    - BV-Vergleich, § 4 Abs. 1 EStG (L+F mit Buchführungspflicht oder selbständig Tätige mit freiwilliger Buchführung)
    - BV-Vergleich, § 5 i.V. mit § 4 Abs. 1 EStG (Gewerbetreibende mit Buchführungspflicht oder freiwilliger Buchführung)
    - Überschussrechnung, § 4 Abs. 3 EStG (Stpfl. ohne Buchführungspflicht und ohne freiwillige Buchführung)
    - Tonnagebesteuerung, § 5a EStG (Handelsschiffe im internationalen Verkehr)
    - Durchschnittssätze bei L+F, § 13a EStG
- Überschusseinkünfte
  - Einkünfte = Überschuss/Verlust
  - Ermittlung: Einnahmen (§ 8 EStG) - Werbungskosten (§ 9 EStG) = Überschuss/Verlust
- Verlustausgleich: Verrechnung negativer Einkünfte mit positiven Einkünften im gleichen Veranlagungszeitraum
  - horizontaler Verlustausgleich: innerhalb der gleichen Einkunftsart
  - vertikaler Verlustausgleich: bei anderen Einkunftsarten (ab VZ 2004 wieder unbegrenzt möglich)
- Verlustabzug (§ 10d EStG): Abzug nicht ausgeglichener negativer Einkünfte vom GdE in anderen Veranlagungszeiträumen
  - Verlustrücktrag (soweit Verlustausgleich nicht möglich; Abzug bis zu 511 500 € [bei Ehegatten bis zu 1 023 000 €] von der SdE des Vorjahres)
  - Verlustvortrag (soweit Verlustausgleich und -rücktrag nicht möglich ist; Abzug frühestmöglich in den auf das Verlustjahr folgenden VZ [zeitlich unbegrenzt]; Ab VZ 2004 bis 1 Mio. € [bei Ehegatten bis 2 Mio. €] unbegrenzt und darüber hinaus bis zu 60 % des 1 Mio. € übersteigenden GdE)
  - Stpfl. kann Verlustrücktrag ganz oder teilweise zugunsten eines Verlustvortrages ausschließen

Thema 49

Schlussbemerkung
- ▶ Wird der Gewinn nach § 4 Abs. 3 EStG ermittelt, ist der Steuererklärung grundsätzlich die Anlage „Einnahmen-Überschuss-Rechnung (EÜR)" beizufügen (§ 60 Abs. 4 EStDV).
- ▶ Bei Einkünften aus Kapitalvermögen sind die Regeln der Abgeltungsteuer bzw. des besonderen Steuertarifs zu beachten.

Thema 50 Einkommensteuerliche Behandlung von Zuschüssen

Einleitung

Öffentliche oder private Zuschüsse für Investitionen werden gewährt, damit Interessen des Zuschussgebers gefördert werden. Wahlrecht bei „echten" Investitionszuschüssen: Behandlung der Zuschüsse als Betriebseinnahme oder erfolgsneutrale Behandlung durch entsprechende Minderung der Anschaffungs-/Herstellungskosten des Wirtschaftsgutes.

Hauptteil

▶ Voraussetzungen

- echter Zuschuss muss vorliegen: Eigeninteresse des Zuschussgebers muss vorhanden sein; es darf i. d. R. kein unmittelbarer wirtschaftlicher Zusammenhang mit einer Leistung des Zuschussempfängers bestehen, daher z. B.

  - verlorene Baukostenzuschüsse des Mieters kein „echter" Zuschuss, da zusätzliches Nutzungsentgelt,
  - vertraglich vereinbarte Entschädigungen sind keine Zuschüsse, da mit ihnen eine vertragliche Verpflichtung erfüllt wird.

▶ Behandlung der Zuschüsse

Zuschussgeber:

Aktivierung bei Entstehung eines (immateriellen) Wirtschaftsguts bzw. im Falle eines aktiven Rechnungsabgrenzungspostens i. S. d. § 5 Abs. 5 EStG (Zuschuss bei Vermietungseinkünften: Abzug über AfA bei Entstehung eines Wirtschaftsguts, z. B. Mietrecht, ansonsten Werbungskosten)

- Baukostenzuschüsse: Aufwendungen für selbständig bewertbares Wirtschaftsgut des Anlagevermögens (Erlangung von Räumlichkeiten), Aktivierung und Abschreibung über Laufzeit des Mietvertrages
- Brauereizuschüsse: Erwerb eines Bierlieferungsrechts

Zuschussempfänger:

- Ertragszuschuss/Aufwandszuschuss/private Investitionszuschüsse

  Ansatz als (Betriebs-)Einnahme (Existenzgründerbeihilfen, Eingliederungshilfe für behinderte Menschen, Kostenerstattung einer Gemeinde infolge städtischer Baumaßnahmen, verlorene Baukostenzuschüsse); passive Rechnungsabgrenzung im betrieblichen Bereich, wenn mit Zahlung eine bestimmte Verpflichtung (z. B. Verpflichtung zum Bezug von Waren über einen gewissen Zeitraum) verbunden ist (z. B. Abfindungen über vereinbarte Stilllegungszeit bestimmter Unternehmen/Unternehmensteile, Ausbildungsplatz-Zuschuss oder Zuschuss zur Bildung eines Schwerbehindertenarbeitsplatzes für bestimmten Zeitraum)

- Investitionszuschuss

  - Wahlrecht: Betriebseinnahme oder erfolgsneutrale Behandlung: Ansatz nur der AK/HK, die der Steuerpflichtige selbst aufgewendet hat (nur die eigenen AK/HK sind Bemessungsgrundlage für die Abschreibung)

Thema 50

- bei Erhalt des Zuschusses im Jahr vor der Anschaffung kann zur erfolgsneutralen Behandlung eine Rücklage gebildet werden; bei erfolgsneutraler Behandlung muss in Handelsbilanz entsprechend verfahren werden.
- Ausnahme Investitionszulage nach dem InvZulG: Zufluss ist immer Ertrag, Gewinnminderung außerhalb der Bilanz.
- öffentliche Investitionszuschüsse im privaten Bereich (ohne Mietpreisbindung) sind grundsätzlich von AK/HK abzusetzen.
- „unechte" Zuschüsse müssen als Erträge erfasst werden (evtl. Bildung eines passiven Abgrenzungspostens möglich), da insoweit zugleich Entgelt im Rahmen eines Leistungsaustauschs vorliegt, ist dieser in der Regel auch umsatzsteuerpflichtig.

Schlussbemerkung

Wahlrecht besteht nur für Zuschüsse zu Investitionen, die zumindest teilweise den Interessen des Zuschussgebers dienen. Wichtig ist also die Abgrenzung von „echten" und „unechten" Zuschüssen, bei denen ein wirtschaftlicher Zusammenhang mit Leistungen des Empfängers besteht.

Thema 51 Einkünfte aus nichtselbständiger Arbeit

Einleitung
Vierte Einkunftsart im Einkommensteuerrecht. Zugehörigkeit zu den Überschusseinkünften. Zentrale Gesetzesnorm: § 19 EStG.

Hauptteil
- Definitionen
  - Arbeitnehmer: § 1 LStDV (Schulden der Arbeitskraft, Eingliederung in geschäftlichen Organisationsablauf des Arbeitgebers, Weisungsgebundenheit ...)
  - Arbeitslohn: § 2 LStDV (alle Einnahmen aus Dienstverhältnis; Entgelt für das Zurverfügungstellen der individuellen Arbeitskraft)
  - kein Arbeitslohn: übliche Betriebsveranstaltung (1-tägig, ohne Übernachtung, nicht mehr als 2 Veranstaltungen pro Jahr, max. 110 € je Arbeitnehmer und Veranstaltung), Aufmerksamkeit (z. B. Geschenke) bis zu einem Wert von 40 €, betriebliche Fort- und Weiterbildungsleistungen
- Einnahmen
  - zu den Einnahmen zählen im Wesentlichen Löhne und Gehälter für Beschäftigung im öffentlichen oder privaten Dienst sowie Bezüge und Vorteile aus früheren Dienstleistungen (Arbeitslohn), § 19 Abs. 1 EStG
  - Besonderheit bei Versorgungsbezügen (= bestimmte Bezüge und Vorteile aus früheren Leistungen, vgl. § 19 Abs. 2 EStG): Versorgungsfreibetrag von 40 % der Bezüge, max. 3 000 €, Zuschlag zum Versorgungsfreibetrag max. 900 €, Abschmelzen der Beträge ab 2005, besonderer Werbungskosten-Pauschbetrag von 102 € (§ 9a Satz 1 Nr. 1 Buchst. b EStG), zeitanteilige Berechnung im Erstjahr des Pensionsbezugs
  - Einnahmen = Güter in Geld oder Geldeswert (Sachbezüge, § 8 EStG; Wohnungsüberlassung, Verpflegung, Freifahrten, Freiflüge, Pkw-Gestellung ...); in Zweifelsfällen Möglichkeit der Anrufungsauskunft, § 42e EStG
- Einkunftsermittlung
  - Überschuss der Einnahmen über die Werbungskosten (§ 9 EStG)
  - Zufluss-/Abflussprinzip (§ 11 EStG, beachte für die LSt § 38a Abs. 1 Satz 2 EStG)
  - wesentliche Steuerbefreiungen in § 3 EStG (Freibeträge für Abfindungen, Überlassung typischer Berufskleidung, Zuschüsse zu Fahrten zwischen Wohnung – Arbeitsstätte mit öffentlichen Verkehrsmitteln) und § 8 EStG (bestimmte Sachbezüge bis monatlich 44 €, Rabatt-Freibetrag von 1 080 € jährlich)
  - Arbeitnehmer-Pauschbetrag für Werbungskosten (§ 9a Satz 1 Nr. 1 Buchst. a EStG: 1 000 € [bis 2010: 920 €])
  - wesentliche Werbungskosten: Beiträge zu Berufsverbänden, Aufwendungen für Fahrten zwischen Wohnung – Arbeitsstätte und für Arbeitsmittel, Abschreibungen (für GWG gilt die 410-€-Grenze), häusliches Arbeitszimmer (§ 4 Abs. 5 Nr. 6b, § 9 Abs. 5 EStG)
- Veranlagung
  - Erhebung der Einkommensteuer durch Abzug vom Arbeitslohn (Lohnsteuer)
  - Veranlagung zur Einkommensteuer nur in den Fällen des § 46 EStG

Thema 51

Schlussbemerkung
- Die Lohnsteuer ist eine besondere Erhebungsform der Einkommensteuer. Sie hat große Bedeutung für Staatsfinanzen: Nach der Umsatzsteuer ist sie zweitgrößte Steuerquelle.
- Ab dem Kj. 2012 werden die LSt-Karten durch die ELStAM-Datenbank abgelöst. Die Arbeitgeber sind dann verpflichtet, die AN-Merkmale elektronisch abzurufen.

Thema 52 Kapitalertragsteuer

Einleitung

Die Besteuerung der Einkünfte aus Kapitalvermögen wurde durch das Unternehmensteuergesetz 2008 grundlegend geändert. Die Änderungen sind (im Wesentlichen) zum 1.1.2009 in Kraft getreten. Ein Kapitalertragsteuerabzug hat grundsätzlich abgeltende Wirkung. Hiervon gibt es jedoch einige Ausnahmen:

Hauptteil

- Besteuerungsumfang: Der Besteuerungsumfang wird durch § 20 EStG festgelegt.
  - § 20 Abs. 1 EStG ist weitestgehend unverändert geblieben.
  - § 20 Abs. 2 EStG behandelt bestimmte Veräußerungsgewinne (z. B. Gewinne aus Aktienverkäufen).
- Erträge mit Kapitalertragsteuerabzug
  - Das heißt, Erträge sind im Katalog des § 43 Abs. 1 EStG aufgeführt (z. B. Dividende).
  - Grundsätzlich: 25 % KapESt (zzgl. Soli) mit abgeltender Wirkung (§ 43 Abs. 5 Satz 1, 1. HS EStG)
  - Ausnahmen (keine abgeltende Wirkung; § 43 Abs. 5 Satz 2 und 3 EStG):
  → Gewinneinkünfte, V+V sowie Ausnahmefälle vom gesonderten Steuersatz nach § 32d Abs. 2 EStG (insbesondere: Nr. 1a: nahe stehende Personen; Nr. 3: wesentliche Beteiligung)
  - Folge:
    „klassische" Einbeziehung (individueller ESt-Satz, Abzug der tatsächlichen Erwerbskosten; ggf. Teileinkünfteverfahren)
  → auf Antrag: Einbeziehung in die Veranlagung (§ 32 Abs. 6 EStG)
  - Folge:
    Günstigerprüfung (individueller ESt-Satz [unter 25 %]; kein Abzug von Erwerbskosten)
  → auf Antrag: Einbeziehung einzelner Kapitalerträge, um z. B. Sparer-Pauschbetrag zu berücksichtigen (§ 32d Abs. 4 EStG)
  - Folge:
    Einbeziehung nach den Regeln der Abgeltungssteuer (ESt-Satz: 25 %; kein Abzug von Erwerbskosten)
- Erträge ohne Kapitalertragsteuerabzug
  - Das heißt, Erträge sind nicht im Katalog des § 43 Abs. 1 EStG aufgeführt (z. B. Privatdarlehen).
  - Grundsätzlich: Einbeziehung nach den Regeln der Abgeltungsteuer (ESt-Satz: 25 %; kein Abzug von Erwerbskosten)
  - Ausnahme: Ausnahmefall vom gesonderten Steuersatz nach § 32d Abs. 2 EStG
  - Folge:
    „klassische" Einbeziehung (individueller ESt-Satz; Abzug der tatsächlichen Erwerbskosten)

Kurzvorträge

Thema 52

Schlussbemerkung
- ▶ Zum Teil sind die Einkünfte aus Kapitalvermögen weiterhin nach den Regeln des § 20 Abs. 1 bzw. 2 und 9 EStG (d.h. nicht im Rahmen der Abgeltungsteuer) zu ermitteln (§ 2 Abs. 5b Satz 2 EStG):
  - Höchstbetragsberechnung beim Spendenabzug,
  - Berechnung der zumutbaren Belastung nach § 33 Abs. 3 EStG,
  - Berechnung der Einkünfte im Rahmen des § 33 Abs. 1 und 2 EStG,
  - Berechnung der Einkünfte von Kindern nach § 32 Abs. 4 EStG.
- ▶ Sonderregelungen bei Kirchensteuerpflicht (insbesondere § 32d Abs. 1 Satz 3 und 4 EStG).

Thema 53 Einlagen und Entnahmen im Steuerrecht

Einleitung

Einlagen und Entnahmen = Erhöhung bzw. Minderung des Betriebsvermögens, nicht durch betriebliche Geschäftsvorfälle veranlasst, dürfen den betrieblichen Gewinn daher nicht beeinflussen; Abgrenzung zu den gewinnwirksamen Einnahmen und Ausgaben sowie die Bewertung von wesentlicher Bedeutung.

Hauptteil

▶ Definitionen
- Einlagen: Bareinzahlungen und sonstige Wirtschaftgüter (WG), die der Steuerpflichtige dem Betrieb im Laufe eines Wirtschaftsjahres zuführt (§ 4 Abs. 1 Satz 7 EStG); einlagefähig alle WG, keine Einlagen sogenannte „Aufwandseinlagen" (Nutzungen und Leistungen wie z. B. betriebliche Nutzung eines privaten Pkw, anteilige Aufwendungen = Betriebsausgabe) oder WG des notwendigen Privatvermögens (selbst genutztes EFH),
- Entnahmen: Bar-, Sach-, Nutzungs- und Leistungsentnahmen des Steuerpflichtigen aus dem Betrieb für sich, seinen Haushalt oder andere betriebsfremde Zwecke (§ 4 Abs. 1 Satz 2 EStG); Überführung eines WG in einen anderen Betrieb des Steuerpflichtigen; daher keine Entnahme (§ 6 Abs. 5 EStG, i. d. R. Buchwertfortführung)

▶ Einlage-, Entnahmehandlung

Zwecks eindeutiger Abgrenzung des Betriebs- vom Privatvermögen ist eine eindeutige Einlage- bzw. Entnahmehandlung des Steuerpflichtigen notwendig (i. d. R. durch bilanzielle Behandlung, Nutzungsänderung).

▶ Bewertung

Einlagen: Bewertung i. d. R. mit dem Teilwert für den Zeitpunkt der Zuführung (§ 6 Abs. 1 Nr. 5 EStG), max. jedoch mit den (fortgeführten) AK/HK, bei

- Zuführung innerhalb von drei Jahren nach Anschaffung/Herstellung (§ 6 Abs. 1 Nr. 5 Buchst. a EStG),
- Anteilen an einer Kapitalgesellschaft bei wesentlicher Beteiligung (§ 6 Abs. 1 Nr. 5 Buchst. b EStG, § 17 EStG)
- oder WG i. S. d. § 20 Abs. 2 EStG (§ 6 Abs. 1 Nr. 5 Buchst. c EStG).

▶ Entnahmen

Bewertung i. d. R. mit dem Teilwert oder anteiligem Aufwand bei Nutzungsentnahmen (§ 6 Abs. 1 Nr. 4 EStG; Teilwert-Definition: § 6 Abs. 1 Nr. 1 Satz 3 EStG), gesetzlich vorgeschriebene Ermittlung z. B. bei privater Pkw-Nutzung (Ein-Prozent-Regelung, Fahrtenbuch; § 6 Abs. 1 Nr. 4 Satz 2 und 3 EStG); Hinweis: Wertermittlung Sachspenden (Buchwertprivileg, § 6 Abs. 1 Nr. 4 Satz 5 EStG)

HINWEIS:

Verdeckte Einlagen (Gesellschafter führt Kapitalgesellschaft aufgrund des Gesellschaftsverhältnisses zusätzlich zur gesellschaftsrechtlichen Einlage Vermögensgegenstände zu; Bewertung mit Teilwert; zusätzliche AK der Beteiligung für Gesellschafter)

Thema 53

▶ Umsatzsteuer

Einlagen: kein Vorsteuerabzug aus Erwerb (Anschaffung nicht als Unternehmer, für das Unternehmen)

Schlussbemerkung

▶ Einlagen und Entnahmen als Teil der steuerlichen Gewinndefinition im § 4 EStG.
▶ Wesentliche Größen für die Ermittlung von „Überentnahmen" nach § 4 Abs. 4a EStG.
▶ Finale Entnahme: Der Gesetzgeber hat im JStG 2010 in § 4 Abs. 1 Satz 4 EStG ein Regelbeispiel eingeführt, wonach es bei einer Überführung eines einzelnen WG vom inländischem Stammhaus in eine ausländische Betriebsstätte zu einer sofortigen Gewinnrealisierung kommt.
▶ Bei WG, die nach einer Verwendung zur Erzielung von Überschusseinkünften in ein BV eingelegt worden sind, ist hinsichtlich der Abschreibung ab dem VZ 2011 die Neuregelung des § 7 Abs. 1 Satz 5 EStG zu beachten. Hiermit soll verhindert werden, dass Abschreibungen doppelt in Anspruch genommen werden.

Thema 54 Ertragsteuerliche Behandlung des Nießbrauchs bei Vermietung und Verpachtung

Einleitung

- Nießbrauch ist ein dingliches persönliches Nutzungsrecht (§§ 1030 ff. BGB)
- Arten:
  - Zuwendungsnießbrauch: Grundstückseigentümer bestellt zugunsten eines Dritten ein entgeltliches/unentgeltliches/teilentgeltliches Nießbrauchsrecht
  - Vorbehaltsnießbrauch: Bei der Übertragung eines Grundstücks auf einen Dritten wird gleichzeitig ein Nießbrauchsrecht für den bisherigen Eigentümer an dem übertragenen Grundstück eingeräumt

Hauptteil

- Zuwendungsnießbrauch (ZuwN)
  - Zuordnung der Mieten: Einnahmen gem. § 21 Abs. 1 Nr. 1 EStG beim Nießbraucher
  - Grundstücksaufwendungen (aufgrund gesetzlicher oder vertraglicher Verpflichtungen) ...
    - ... getragen vom Eigentümer:

      unentgeltlicher ZuwN: mangels Einnahmeerzielungsabsicht kein Abzug

      entgeltlicher ZuwN: Abzug als WK

      teilentgeltlicher ZuwN: Abzug als WK in Höhe der Entgeltlichkeitsquote
    - ... getragen vom Nießbraucher: Abzug als WK
  - Gebäude-AfA: Abzug beim Eigentümer als WK, soweit entgeltlicher ZuwN vorliegt in voller Höher, soweit teilentgeltlicher ZuwN vorliegt, in Höhe der Entgeltlichkeitsquote
  - Nießbrauchsentgelt:
  - Behandlung beim Eigentümer: Einnahmen gem. § 21 Abs. 1 Nr. 1 EStG (bei Vorauszahlungen ggf. Aufteilung gem. § 11 Abs. 1 Satz 3 EStG)
  - Behandlung beim Nießbraucher: Abzug als WK (bei Vorauszahlungen ggf. Aufteilung gem. § 11 Abs. 2 Satz 3 EStG [lt. BMF: § 7 Abs. 1 EStG])
- Vorbehaltsnießbrauch
  - Zuordnung der Mieten: Einnahmen gem. § 21 Abs. 1 Nr. 1 EStG beim Nießbraucher (= Alteigentümer)
  - Grundstücksaufwendungen ...
    - ... getragen vom Eigentümer: mangels Einnahmeerzielungsabsicht kein Abzug
    - ... getragen vom Nießbraucher: Abzug als WK
  - Gebäude-AfA: Abzug als WK beim Nießbraucher (= Alteigentümer), da dieser die HK/AK ursprünglich getragen hat
  - Nießbrauchsentgelt: Beim Vorbehaltsnießbrauch wird das Nießbrauchsrecht unentgeltlich zugewandt → Es wird kein Nießbrauchsentgelt geleistet!
  - Wenn der Nießbrauch wegfällt (Tod des Nießbrauchers/Zeitablauf) erzielt der (Neu-) Eigentümer Einnahmen gem. § 21 Abs. 1 Nr. 1 EStG. Besonderheit: Fortführung der AfA

(§ 11d EStDV) vom Nießbraucher (Alleineigentümer), falls Eigentümer ursprünglich das Gebäude (nicht das Nießbrauchsrecht!) unentgeltlich erworben hat, ansonsten AfA mit den vom Eigentümer geleisteten Gebäude-AK.

Schlussbemerkung

Wichtiges Beratungsfeld wegen der Möglichkeit der Zurechnung von Einnahmen zugunsten des Nutzungsberechtigten. Nach der Rechtsprechung und der Verwaltungsauffassung muss der Nutzende rechtlich in der Lage sein, den Tatbestand der Einkunftserzielung zu erfüllen und das überlassene WG auch tatsächlich vermieten oder verpachten.

Thema 55 Ertragsteuerliche Behandlung wiederkehrender Bezüge bei Übertragung von Privat- und Betriebsvermögen

Einleitung

Das EStG verwendet die Begriffe Rente, dauernde Last und sonstige wiederkehrende Bezüge (wiederkehrende Bezüge), ohne diese zu definieren.

Umfangreiche Neuregelung durch JStG 2008 – Versorgungsleistungen im Rahmen vorweggenommener Erbfolge; beschränkt auf Übertragungen im betrieblichen Bereich; Altfälle weiterhin begünstigt, Problem Vermögensumschichtung

Hauptteil

Wiederkehrende Bezüge sind Bezüge, die in Zeitabständen wiederkehren und auf einem einheitlichen Entschluss des Gebers beruhen.

Arten:

- ▶ Versorgungsleistungen

  Wichtige Kriterien: unentgeltliche (teilentgeltliche) Zuwendung, existenzsichernde und ertragssichernde Wirtschaftseinheit, lebenslängliche Leistung, tatsächliche Durchführung, Empfänger des Vermögens und der Leistungen sind „nahe Angehörige"

  Ertragsteuerliche Folgen von Versorgungsleistungen:
  - Berechtigter (z. B. Eltern)
    - erzielt Einkünfte gem. § 22 Nr. 1 EStG: Grundsätzliche Behandlung als dauernde Last (Ansatz in voller Höhe), da Versorgungsverträge als abänderbar gelten. Falls keine Abänderbarkeit gewollt ist, liegt eine Leibrente (Ansatz mit dem Ertragsanteil) vor
    - kein Veräußerungsgewinn i. Z. m. Übertragung der Wirtschaftseinheit (§§ 16, 17, 23 EStG), da Unentgeltlichkeit vorliegt!
  - Verpflichteter (z. B. Kinder)
    - Sonderausgabenabzug § 10 Abs. 1 Nr. 1a EStG: dauernde Last (voller Abzug), Rente (Abzug in Höhe des Ertragsanteils)
    - keine Anschaffungskosten i. Z. m. Übertragung der Wirtschaftseinheit: Werte des übernommenen Vermögens sind fortzusetzen (§ 6 Abs. 3 EStG bzw. § 11d EStDV)

- ▶ Veräußerungsleistungen

  Wichtige Kriterien: wiederkehrende Leistung im Austausch mit einer Gegenleistung (sog. Gegenleistungsrente)

  Ertragsteuerliche Folgen von Veräußerungsleistungen:
  - Berechtigter (z. B. Veräußerer)
    - Zinsanteil stellt Einkünfte bei Leibrente gem. § 22 EStG und bei dauernde Last gem. § 20 Abs. 1 Nr. 7 EStG dar
    - Barwert ggf. V-Gewinn gem. §§ 16, 17, 23 EStG/§ 22 UmwStG
  - Verpflichteter (z. B. Käufer)

- Zinsanteil stellt Werbungskosten/Betriebsausgaben oder § 12 Nr. 1 EStG (falls Gewinnerzielungsabsicht fehlt) dar
- Barwert stellt Anschaffungskosten und somit i. R. d. AfA zu berücksichtigen oder § 12 Nr. 1 EStG dar

▶ (im Übrigen) Unterhaltsleistungen
- Berechtigter (z. B. Eltern): keine stpfl. Einnahmen (§ 22 Nr. 1 Satz 2 EStG)
- Verpflichteter (z. B. Kinder): kein Abzug (§ 12 Nr. 2 EStG)

Schlussbemerkung

Hilfestellung bieten hier die BMF-Schreiben v. 13.1.1993 (BStBl 1993 I 80) zu den Erbfolgeregelungen (vorweggenommene Erbfolge/wiederkehrende Leistungen in Zusammenhang mit der Übertragung von Privat- oder Betriebsvermögen) sowie vom 11.3.2010 (BStBl 2010 I 227) zu den wiederkehrenden Leitungen im Zusammenhang mit einer Vermögensübertragung.

Wichtiges Beratungsfeld wegen

▶ der Versorgung der älteren Generation und
▶ der Fortführung von Betrieben und Vermögen durch die jüngere Generation oder durch Dritte

Wesentliche Einschränkung durch das JStG 2008 (Versorgungsleistungen im Rahmen der vorweggenommenen Erbfolge gem. § 10 Abs. 1 Nr. 1a EStG nur noch als Sonderausgabe abzugsfähig, wenn sie im Zusammenhang mit der Übertragung von land- und forstwirtschaftlichen Betrieben, Gewerbebetrieben und von Betriebsvermögen Selbstständiger in der Rechtsform des Einzelunternehmens oder der Personengesellschaft erfolgen).

Altfälle weiterhin begünstigt, Problem der Umschichtung von Vermögen.

Thema 56 Gewerblicher Grundstückshandel

Einleitung

Gewinne aus der Veräußerung von Grundstücken des Privatvermögens unterliegen nur dann der Einkommensteuer, wenn die Voraussetzungen eines privaten Veräußerungsgeschäfts nach § 23 EStG erfüllt sind. Handelt es sich bei den Grundstücksgeschäften dagegen um einen Gewerbebetrieb, so besteht sowohl Einkommensteuer- als auch Gewerbesteuerpflicht.

Hauptteil

- ▶ Die Annahme eines Gewerbebetriebes erfordert nach der Legaldefinition des § 15 Abs. 2 EStG folgende Tatbestandsmerkmale:
  - selbständige und
  - nachhaltige Betätigung
  - Gewinnerzielungsabsicht
  - keine L + F, keine freiberufliche Tätigkeit
  - Beteiligung am wirtschaftlichen Verkehr
- ▶ nach Rspr. und Verwaltungsansicht sind die Tatbestandsmerkmale grundsätzlich gegeben, wenn die wirtschaftliche Betätigung über den Rahmen einer Vermögensverwaltung (Nutzung von Vermögen als solches unter Erhaltung der Substanz durch Fruchtziehung aus der Substanz) hinausgeht
- ▶ Kriterien der Rechtsprechung für eine über eine bloße Verwaltung hinausgehende Aktivität:
  - enger zeitlicher Zusammenhang zwischen Grundstückserwerb/Bebauung/Veräußerung
  - Verwertungsmaßnahmen beim Verkauf unbebauter Grundstücke
  - Zahl der verkauften Objekte
  - Intensität der Beteiligung am wirtschaftlichen Verkehr
  - Zusammenhang der Grundstücksgeschäfte mit sonstiger gewerblicher/selbständiger Tätigkeit
- ▶ die Rechtsprechung hat aus den ersten drei Kriterien die „Drei-Objekts-Formel" entwickelt:

  gewerblicher Grundstückshandel (+), wenn
  - ein Steuerpflichtiger mehr als drei Objekte
  - die er jeweils innerhalb von fünf Jahren seit Anschaffung/Errichtung/Modernisierung
  - innerhalb eines Zeitraums von fünf Jahren

  veräußert.
- ▶ Rechtsfolgen:
  - Gewinne aus Grundstücksverkäufen = laufender Gewinn aus Gewerbebetrieb (gewerbesteuerpflichtig!)
  - Aktivierung der Grundstücke (Erwerbsfälle: AK/HK; Einlage aus dem PV: Einlagewert, § 6 Abs. 1 Nr. 6 i.V. mit Nr. 5 Buchst. a EStG)
  - Grundstücke = Umlaufvermögen (keine [Sonder-]Abschreibungen!)
  - zwischenzeitliche Vermietung = Betriebseinahmen (§ 21 Abs. 3, § 15 EStG)

Thema 56

Schlussbemerkung

Ein komplexes und somit auch schwieriges Beratungsfeld, da die Frage eines gewerblichen Grundstückshandels stets eine Einzelfallentscheidung darstellt. Die „Drei-Objekts-Formel" erfasst nicht alle Fälle des gewerblichen Grundstückshandels. Hilfreich ist das BMF-Schreiben v. 26.3.2004 (BStBl 2004 I 434) zur Abgrenzung zwischen privater Vermögensverwaltung und gewerblichem Grundstuckshandel.

Thema 57 Schuldzinsen im Ertragsteuerrecht

Einleitung

Schuldzinsen als (grds. sofort) abzugsfähige Betriebsausgaben oder Werbungskosten. Wesentliche Einschränkung des Grundsatzes in der Einkommensteuer durch § 4 Abs. 4a EStG und in der Gewerbesteuer durch Hinzurechnung von Schuldzinsen (§ 8 Nr. 1a GewStG).

Hauptteil

▶ Schuldzinsen in der Einkommensteuer
  - beruflich/betrieblich veranlasste Schuldzinsen sind bei der Einkünfte-/Gewinnermittlung abzugsfähig (Problematik: Abgrenzung der privat veranlassten Schuldzinsen z. B. bei gemischten Bankkonten, Zwei-Konten-Modell)
  - kein Sofortabzug eines betrieblichen Damnums, Verteilung über Darlehenslaufzeit, aktiver Rechnungsabgrenzungsposten, § 5 Abs. 5 Nr. 1 EStG (Ausnahme: Einnahme-Überschuss-Rechnung nach § 4 Abs. 3 EStG, Abfluss-Prinzip, § 11 Abs. 2 Satz 4 EStG)
  - Schuldzinsen teilen Schicksal des fremdfinanzierten Wirtschaftsgutes (Entnahme des Wirtschaftsgutes → Schuldzinsen werden zu nicht abzugsfähigen Privatausgaben oder zu Werbungskosten bei Zusammenhang mit steuerpflichtigen Einnahmen z. B. aus Vermietung → sog. „Umwidmung")
  - Einschränkung des Abzugs betrieblicher Schuldzinsen bei Überentnahmen (= Entnahmen übersteigen Summe aus Gewinn und Einlagen), § 4 Abs. 4a EStG. Nicht abziehbar sind: Schuldzinsen in Höhe von 6 % der Überentnahmen (des Wirtschaftsjahrs und der Vorjahre), max. tatsächlich angefallene Schuldzinsen abzüglich 2 050 €. Schuldzinsen für Investitionsdarlehen sind nicht von der Kürzung betroffen
  - Schuldzinsen bei Überschusseinkünften sind Werbungskosten bei Zusammenhang mit einer Einkunftsart (§ 9 Abs. 1 Nr. 1 EStG).

▶ Schuldzinsen in der Gewerbesteuer
  - Hinzurechnung eines Viertels der Schuldzinsen, § 8 Nr. 1a GewStG; Freibetrag 100 000 €

▶ Schuldzinsen in der Körperschaftsteuer
  - Zinsschrankenregelung nach § 4h EStG (§ 8a KStG a. F.)
  - in EStG aufgenommen durch Unternehmensteuerreform 2008
  - ersetzt bisherige Regelungen zur Gesellschafterfremdfinanzierung des § 8a KStG a. F.
  - Zinsschranke soll zur Sicherung des inländischen Steuersubstrats beitragen, indem einerseits Anreize zu einer Gewinnverlagerung ins Inland geschaffen werden und andererseits eine Verlagerung von Zinsaufwand nach Deutschland verhindert werden soll.
  - Regelungen des § 4h EStG verhindern hierzu bei Vorliegen bestimmter Voraussetzungen den steuerlichen Betriebsausgabenabzug von Zinsaufwendungen auf Ebene des fremdfinanzierten und somit zinszahlenden Unternehmens.
  - Im Gegensatz zur bisherigen Regelung in § 8a KStG gilt die Zinsschranke nunmehr für alle Zinsaufwendungen, die den steuerlichen Gewinn gemindert haben. Darunter fallen somit z. B. Zinsen aus der Inanspruchnahme von Bankdarlehen sowie aus der Auf- und Abzinsung von Verbindlichkeiten und Kapitalforderungen. Auf Ebene des Anteilseigners kommt es bei Anwendung der Zinsschranke im Gegensatz zur bisher gültigen Regelung im alten

Recht nicht mehr zu einer Umqualifizierung der Zinsen in steuerfreie Dividenden. Dies kann somit grundsätzlich zu einer (temporären) Doppelbesteuerung führen.
- mit Bürgerentlastungsgesetz Krankenversicherung wurde die Freigrenze bei der Zinsschranke von 1 Mio. € auf 3 Mio. € angehoben (gilt für Wirtschaftsjahre, die nach dem 25. 5. 2007 beginnen und vor dem 1. 1. 2010 enden)

Schlussbemerkung

▶ Problemfelder Einkommensteuer

Abgrenzung private/berufliche/betriebliche Schuldzinsen, häufiger Fall ist Fremdfinanzierung eines teils vermieteten, teils selbst genutzten Gebäudes; maßgebend für Aufteilung der Zinsen ist tatsächliche Verwendung des Darlehens; falls Nachweis der Zuordnung nicht möglich, Zuordnung nach Verhältnis der Nutz-, Wohnfläche

Darlehen mit nahen Angehörigen → Fremdvergleich und tatsächliche Durchführung

Aufteilung eines Kontokorrentkredits nach betrieblicher und privater Veranlassung (Zinsstaffelmethode)

Ermittlung der Überentnahmen (Einbezug der Vorjahre, Berücksichtigung von Verlusten).

▶ Problemfelder Gewerbesteuer

Unterschiedliche Hinzurechnung verschiedener Finanzierungsformen i. S. v. § 8 Nr. 1 GewStG: (Miet-/Pachtzinsen, Leasing, Überlassung von Rechten), Abgrenzung

Thema 58 Stille Beteiligung, partiarisches Darlehen

Einleitung

Zu den Einkünften aus Kapitalvermögen zählen auch die Einnahmen aus einer stillen Beteiligung an einem Handelsgewerbe sowie aus partiarischen Darlehen (§ 20 Abs. 1 Nr. 4 EStG). Die Tatsache, dass ein Mitunternehmer Einkünfte aus § 15 Abs. 1 Nr. 2 EStG erzielt, macht es erforderlich, die stille Beteiligung in steuerlicher Hinsicht in eine typische (§ 20 EStG) und eine atypische (§ 15 EStG) stille Beteiligung zu unterteilen.

Einnahmen aus typisch stillen Beteiligungen sowie Gewinne aus der Veräußerung dieser Kapitalanlagen gehören zu den Einkünften aus Kapitalvermögen und unterliegen ab 1.1.2009 der Abgeltungsteuer (§ 32d Abs. 1 Satz 1, § 52a Abs. 1 EStG)

Hauptteil

- partiarisches Darlehen

Schuldverhältnis:	Darlehensvertrag
Beteiligungsverhältnis:	Beteiligung nur am Gewinn
Kontrollrechte:	kein gesetzliches Kontrollrecht
Rückzahlung:	Anspruch auf Rückzahlung der Darlehenssumme

- typisch stille Beteiligung/Gesellschaft

Schuldverhältnis:	Gesellschaftsvertrag
Beteiligungsverhältnis:	je nach Vertrag: Beteiligung nur am Gewinn oder am Gewinn und am Verlust
Kontrollrechte:	gesetzliche Einsichts- und Kontrollrechte
Rückzahlung:	Anspruch auf Rückzahlung der Einlage zum Nennwert

- atypisch stille Beteiligung/Gesellschaft

Schuldverhältnis:	Gesellschaftsvertrag
Beteiligungsverhältnis:	je nach Vertrag: Beteiligung nur am Gewinn oder am Gewinn und am Verlust
Kontrollrechte:	gesetzliche Einsichts- und Kontrollrechte, ggf. weitere Mitwirkungsrechte
Rückzahlung:	Anspruch auf Rückzahlung der Einlage unter Beteiligung an den stillen Reserven und ggf. am Firmenwert

Schlussbemerkung

In gewerbesteuerlicher Hinsicht erfüllen die Beteiligungsverhältnisse folgende Hinzurechnungs- bzw. Kürzungstatbestände:

- partiarisches Darlehen: § 8 Nr. 1 Buchst. a GewStG
- typisch stiller Gesellschafter: § 8 Nr. 1 Buchst. c GewStG
- atypisch stiller Gesellschafter: § 8 Nr. 8 bzw. § 9 Nr. 2 GewStG

Thema 59 Veräußerungsgewinne im Einkommensteuerrecht

Einleitung

I. d. R. können Veräußerungsgewinne im Rahmen der Gewinneinkunftsarten entstehen. Veräußerungen auf der privaten Vermögensebene finden vom Grundsatz her (bislang noch) keine Berücksichtigung. Neben den normalen betrieblichen Veräußerungsvorgängen sind folgende Sonderfälle bezüglich des Ansatzes von entstehenden Gewinnen relevant: Gewinne bei Betriebsveräußerungen/-aufgaben (§ 16 EStG), bei Veräußerung von Anteilen an Kapitalgesellschaften im Privatvermögen (bei wesentlicher Beteiligung, § 17 EStG) und bei privaten Veräußerungsgeschäften (§ 23 EStG).

Hauptteil

▶ Betriebsveräußerung/-aufgabe

- Ermittlung Veräußerungsgewinn: Differenz von Veräußerungspreis oder gemeiner Wert abzüglich Veräußerungskosten (Beratungskosten, Makler, Notar, Grundbuchkosten, Gutachter ...) und Wert = Buchwert (des Anteils) des Betriebsvermögens (§ 16 Abs. 2 EStG)
- Freibetrag (§ 16 Abs. 4 EStG, einmal im Leben), sofern Steuerpflichtiger älter als 55 oder dauernd berufsunfähig und Antrag gestellt: 45 000 € abzüglich des Betrags, um den der Veräußerungsgewinn 136 000 € übersteigt
- außerordentliche Einkünfte: Auf Antrag erfolgt eine Versteuerung des steuerpflichtigen Veräußerungsgewinns nach der „Fünftel-Regelung" (§ 34 Abs. 1 EStG) oder mit 56 % des durchschnittlichen Steuersatzes (§ 34 Abs. 3 EStG)

   Sonderfälle:

   Langfristige, zinslose Stundung des Kaufpreises: Abzinsung der Kaufpreisforderung

   Betriebsveräußerung gegen wiederkehrende Bezüge: sofortige Versteuerung des Barwerts unter Inanspruchnahme § 34 EStG oder Versteuerung bei Zufluss der Rentenzahlungen möglich (§ 24 Nr. 2 EStG, kein § 34 EStG), R 16 Abs. 11 EStR

▶ Verkauf von Anteilen an Kapitalgesellschaften im Privatvermögen bei wesentlicher Beteiligung (Beteiligung an Kapitalgesellschaft im Privatvermögen unmittelbar oder mittelbar mindestens 1 % innerhalb der letzten fünf Jahre, § 17 EStG)

- Ermittlung Veräußerungsgewinn: Differenz von halbem Veräußerungspreis oder gemeinem Wert abzüglich halber Veräußerungs- und Anschaffungskosten (eigene oder eines Rechtsvorgängers);
- Freibetrag: 9 060 €/veräußerter Anteil an der Kapitalgesellschaft in Prozent; Minderung des Freibetrags, sofern Veräußerungsgewinn folgenden Betrag übersteigt: 36 100 €/veräußerter Anteil an der Kapitalgesellschaft in Prozent.

▶ private Veräußerungsgeschäfte (§ 22 Abs. 1 Nr. 2 i.V. mit § 23 EStG)

- wesentliche Anwendungsbereiche: Veräußerung von Grundstücken und andere Wirtschaftsgüter (keine Wertpapiere oder ähnliche Finanzinnovationen [→ Abgeltungsteuer] und keine Gegenstände des täglichen Gebrauchs) innerhalb bestimmter Fristen (Grundstücke: 10 Jahre; andere Wirtschaftsgüter, insbes. Wertpapiere: 1 Jahr)

- Ermittlung Veräußerungsgewinn: Differenz von Veräußerungspreis oder gemeinem Wert und Anschaffungs-/Herstellungskosten sowie Werbungskosten; Anschaffungs-/Herstellungskosten müssen um in Anspruch genommene Abschreibungen vermindert werden
- Freigrenze bei Gesamtgewinnen unter 600 € im Kalenderjahr

Schlussbemerkung

Insbesondere im Bereich des § 17 EStG und des § 23 EStG erfolgte eine Ausweitung der steuerpflichtigen Fälle durch die Absenkung der Wesentlichkeitsgrenze von 10 % auf 1 % oder die Verlängerung von Behaltensfristen

Kapitalgesellschaft: Veräußerung von Beteiligungen an anderen Kapitalgesellschaften ist steuerfrei (§ 8b Abs. 2 KStG).

pauschales 5%iges BA-Abzugsverbot!

Einzelunternehmen, Personengesellschaft: Gewinn aus Veräußerung einer Beteiligung an Kapitalgesellschaft kann innerhalb bestimmter Reinvestitionsfristen auf AK einer anderen Beteiligung an Kapitalgesellschaft, auf AK/HK Gebäude oder abnutzbarer beweglicher Wirtschaftsgüter übertragen werden (§ 6b Abs. 10 EStG)

Die Besteuerung der Spekulationsgeschäfte wird durch die Unternehmenssteuerreform 2008 neu geregelt:

- Gewinne aus dem Verkauf von Anteilen an Kapitalgesellschaften werden – unabhängig der Beteiligungshöhe – immer als Einkünfte aus Kapitalvermögen erfasst (die bisherige Spekulationsfrist von einem Jahr entfällt)
- Neuregelung gilt für Verkäufe von Anteilen, die nach dem 31.12.2008 erworben werden
- Spekulationsfrist für Immobilien bleibt mit 10 Jahren unverändert
- Für andere Wirtschaftsgüter (nicht für die dann als Einkünfte aus Kapitalvermögen geltenden Wertpapiere und ähnliche Finanzinnovationen) verbleibt es bei einem Jahr Spekulationsfrist, z. B. Münzsammlung. Werden aus solchen Gegenständen Einkünfte erzielt (z. B. durch Vermietung), verlängert sich die Spekulationsfrist auf 10 Jahre
- Einbeziehung von Veräußerungsgewinnen in den Bereich der Abgeltungsteuer 2009

Thema 60 Veräußerung wesentlicher Beteiligungen, § 17 EStG

Einleitung

Auch wenn Anteile an Kapitalgesellschaften im Privatvermögen gehalten werden, können sich aus der Anteilsveräußerung gewerbliche Einkünfte nach § 17 EStG ergeben. Weitere Anwendungsfälle bei Auflösung einer Kapitalgesellschaft, Kapitalherabsetzung und -rückzahlung.

Hauptteil

- ▶ Voraussetzungen
  - Vorrang des § 17 EStG vor § 20 Abs. 2 EStG (§ 20 Abs. 8 EStG)
  - Veräußerer war innerhalb der letzten fünf Jahre am Gesellschaftskapital zu mindestens 1 % beteiligt (bezüglich der 1 %-Grenze sind auch im Betriebsvermögen gehaltene Anteile zu berücksichtigen); bei unentgeltlichem Erwerb muss ein Rechtsvorgänger innerhalb der letzten 5 Jahre wesentlich beteiligt gewesen sein; auch mittelbare Beteiligung (über Personen- oder Kapitalgesellschaft) wird berücksichtigt
- ▶ steuerpflichtiger Veräußerungsgewinn (§ 17 Abs. 2, 3 EStG)
  - Ermittlung Veräußerungsgewinn: Differenz von 60 % des Veräußerungspreises (→ Teileinkünfteverfahren, § 3 Nr. 40 Buchst. c EStG) oder gemeiner Wert abzüglich 60 % der Veräußerungskosten und Anschaffungskosten (eigene oder eines Rechtsvorgängers); Ansatz des Gewinns im Jahr der Übertragung wirtschaftlichen Eigentums (auch bei späterem Zufluss, Korrektur nach § 175 Abs. 1 Nr. 2 AO bei Änderung des Veräußerungsgewinns); Beispiele für Veräußerungskosten: Rechts- und Beratungskosten, Vermittlungsprovisionen, Abstandszahlungen, Abfindungen
  - wichtig für Beratungspraxis, nachträgliche AK mindern den Veräußerungsgewinn; Beispiele für nachträgliche AK: Zahlung aufgrund einer Bürgschaft für Gesellschaft, Verlust/Verzicht auf Darlehensforderung durch Gesellschafter
  - Freibetrag: 9 060 € x veräußerter Anteil an der Kapitalgesellschaft in Prozent; Minderung des Freibetrags, sofern Veräußerungsgewinn folgenden Betrag übersteigt: 36 100 € x veräußerter Anteil an der Kapitalgesellschaft in Prozent
- ▶ nicht berücksichtigungsfähige Veräußerungsverluste (§ 17 Abs. 2 Satz 6 EStG)
  - bei unentgeltlichem Erwerb innerhalb der letzten fünf Jahre, außer wenn auch ein Rechtsvorgänger den Veräußerungsverlust hätte geltend machen können
  - bei entgeltlichem Erwerb, sofern die Anteile nicht innerhalb der gesamten letzten fünf Jahre zu einer wesentlichen Beteiligung gehört haben; Ausnahmen: Anteilserwerb innerhalb der letzten fünf Jahre begründet eine wesentliche Beteiligung oder erfolgt nach Begründung der wesentlichen Beteiligung
- ▶ unentgeltliche/teilentgeltliche Übertragung
  - unentgeltliche Übertragung: kein Fall des § 17 EStG, jedoch gilt 5-Jahres-Frist der wesentlichen Beteiligung für Erwerber fort
  - teilentgeltliche Übertragung: Aufspaltung in unentgeltliches und (voll) entgeltliches Rechtsgeschäft

Schlussbemerkung

- Durch die Absenkung der Wesentlichkeitsgrenze von 25 % (bis 1998) auf 10 % (bis 2001) sowie auf 1 % wurden die Fälle des § 17 EStG erheblich ausgeweitet. Die in Vorjahren eingetretenen Wertsteigerungen, die nach altem Recht wegen der höheren Wesentlichkeitsgrenze nicht steuerlich erfasst wurden, unterliegen lt. BVerfG auch nach der Herabsetzung der Wesentlichkeitsgrenze insoweit nicht der Besteuerung.
- Das Teileinkünfteverfahren ist auch bei Veräußerungsverlusten anzuwenden, wenn keine Einnahmen geflossen sind (§ 3c Abs. 1 Satz 2 EStG; ab VZ 2011).
- Nachträgliche AK können auch auf Grund der Inanspruchnahme einer Bürgschaft oder aus der Gewährung von Darlehen an die Kapitalgesellschaft resultieren. Auch nach Entfernung der Bestimmungen über das kapitalersetzende Darlehen aus dem GmbHG durch das MoMiG und der Neuordnung im Insolvenzrecht ist zu unterscheiden zwischen: in der Krise hingegebenen Darlehen, stehen gelassenes Darlehen, krisenbestimmtes Darlehen und Finanzplandarlehen (bzw. Bürgschaft).

Thema 61 Wesentliche Betriebsgrundlagen – Bedeutung und Vorkommen im Ertragsteuerrecht

Einleitung

Der Begriff der wesentlichen Betriebsgrundlage taucht im Ertragsteuerrecht an verschiedenen Stellen auf. Weiterhin ist die wesentliche Betriebsgrundlage Voraussetzung verschiedener Rechtsinstitute im Steuerrecht. Dabei wird der Begriff der wesentlichen Betriebsgrundlage nicht einheitlich angewandt.

Hauptteil

▶ Vorkommen und Bedeutung im Ertragsteuerrecht:
- Betriebsveräußerung i. S. d. § 16 Abs. 1 EStG: (+), wenn der Betrieb mit seinen wesentlichen Grundlagen gegen Entgelt in der Weise auf einen Erwerber übertragen wird, dass der Betrieb als geschäftlicher Organismus fortgeführt werden kann
- Betriebsaufgabe i. S. d. § 16 Abs. 3 EStG: (+), wenn alle wesentlichen Betriebsgrundlagen in einem einheitlichen Vorgang z. B. in das PV überführt oder an verschiedene Erwerber veräußert werden und damit der Betrieb als geschäftlicher Organismus nicht mehr fortgeführt werden kann
- Unentgeltliche Betriebsübertragung i. S. d. § 6 Abs. 3 EStG: (+), wenn mindestens die wesentlichen Grundlagen des Betriebes/Teilbetriebes unentgeltlich übertragen worden sind
- Betriebsaufspaltung: I. R. d. sachlichen Verpflichtung wird verlangt, dass mindestens eine wesentliche Betriebsgrundlage an eine gewerblich tätige Personen- oder Kapitalgesellschaft zur Nutzung überlassen wird
- Betriebsverpachtung: Hat der Stpfl. die wesentlichen Betriebsgrundlagen im Ganzen verpachtet und besteht für ihn oder seinen Rechtsnachfolger objektiv die Möglichkeit, den Betrieb später fortzuführen, steht ihm das Verpächterwahlrecht zu
- Einbringung eines Betriebes i. S. d. § 20 UmwStG: (+), wenn alle Wirtschaftgüter, die wesentliche Betriebsgrundlagen des Betriebes/Teilbetriebes bilden, in die Kapitalgesellschaft mit eingebracht werden

▶ Umfang der wesentlichen Betriebsgrundlage
- Möglichkeiten, worauf abgestellt werden kann:
  - quantitative Betrachtung:
    Vorhandensein stiller Reserven (Bsp. Grundstücke)
  - qualitative/funktionale Betrachtung:
    WG besitzt für die Betriebsführung wirtschaftliches Gewicht
- Umfang im Einzelnen:
  - ist ein WG nach seiner qualitativen/funktionalen Betrachtung wesentlich, so liegt in jedem Fall eine wesentliche Betriebsgrundlage vor
  - bei der Betriebsveräußerung/-aufgabe auch quantitative Betrachtung möglich (Zweck der §§ 16, 34 EStG ist es, die „zusammengeballte" Realisierung der entstandenen stillen Reserven abzumildern; somit geht hier der Begriff der wesentlichen Betriebsgrundlagen weiter)

- in Zusammenhang mit § 20 UmwStG ist abzustellen:

    bei Buchwertansatz auf die qualitative/funktionale Betrachtung sowie

    bei Ansatz des gemeinen Wertes auf die quantitative Betrachtung
- im Falle einer PG muss daher auch das SBV in das Eigentum der KapGes übertragen werden, sofern es sich um wesentliche Betriebsgrundlagen handelt.

Schlussbemerkung

Wichtiges Beratungsfeld wegen der Gefahr, dass beispielsweise ungewollt stille Reserven aufgedeckt werden müssen (missglückte unentgeltliche Betriebsübertragung) oder dass eine begünstigte Besteuerung gem. §§ 16, 34 EStG nicht zur Anwendung gelangt (missglückte Betriebsveräußerung/-aufgabe).

6. Gesellschafts- und Zivilrecht
Thema 62 Grundpfandrechte (Entstehung, Erlöschen ...)

Einleitung

Grundpfandrecht ist Oberbegriff für Hypothek (§§ 1113–1190 BGB), Grundschuld (§§ 1191–1198 BGB) sowie Rentenschuld (§§ 1199–1203 BGB)

Hauptteil

- ▶ Abgrenzung/Definitionen der einzelnen Grundpfandrechte
    - Hypothek: belastet ein Grundstück in der Weise, dass an den Hypothekengläubiger eine bestimmte Geldsumme zur Befriedigung einer Forderung aus dem Grundstück zu zahlen ist (§ 1113 BGB); Hypothek ist vom Bestand der Forderung abhängig (akzessorisch)
    - Grundschuld: belastet ein Grundstück in der Weise, dass an den Grundschuldgläubiger eine bestimmte Geldsumme aus dem Grundstück zu zahlen ist (§ 1191 BGB); nicht vom Bestand einer zu sichernden Forderung abhängig (nicht-akzessorisch)
    - Rentenschuld: wie Grundschuld (daher keine weiteren Ausführungen), jedoch Zahlung einer Rente vereinbart (§ 1199 BGB)
- ▶ Entstehung der Grundpfandrechte (wesentliche Elemente)
    - Hypothek: Einigung zwischen Grundeigentümer und Hypothekengläubiger über Hypothek (§§ 873, 1113 BGB)/Bestehen einer zu sichernden Forderung/Eintragung ins Grundbuch (§ 1115 BGB)/Übergabe des Hypothekenbriefes (§ 1117 BGB; falls nicht ausgeschlossen, § 1116 Abs. 2 BGB)
    - Grundschuld: entsprechend der Hypothek (§ 1191 BGB); zu sichernde Forderung nicht erforderlich
- ▶ Übertragung der Grundpfandrechte
    - Hypothek: durch Abtretung der Forderung in der Form des § 1154 BGB (Übergabe Grundschuldbrief/Eintragung ins Grundbuch)
    - Grundschuld: Abtretung der Grundschuld in der Form des § 1154 BGB
- ▶ Erlöschen
    - Aufhebung des Grundpfandrechts (§ 1183 BGB/§§ 1192, 1183 BGB)
    - Befriedigung aus dem Grundstück (§ 1181 BGB/§§ 1192, 1183 BGB)
- ▶ Zahlung
    - Es besteht die Möglichkeit, auf die Forderung oder auf das Grundpfandrecht zu zahlen:
        - Zur Zahlung auf die Forderung: grundsätzlich erlischt die Forderung (Ausnahme: der Grundstückeigentümer selber zahlt für den Hypothekenschuldner, so geht die Forderung auf ihn über)
        - Zur Zahlung auf das Grundpfandrecht: grundsätzlich wandelt sich das Grundpfandrecht in eine Eigentümergrundschuld (bei Zahlung durch Eigentümer → Forderungsübergang auf diesen → Eigentümerhypothek) um (§ 1177 BGB).

Schlussbemerkung

Die Zwangsvollstreckung (der Finanzverwaltung) in ein Grundpfandrecht erfolgt nach § 321 Abs. 6, § 310 AO.

Thema 63 Güterstand

Einleitung

▶ Bestimmung der vermögensrechtlichen Beziehungen der Ehegatten durch den Güterstand

▶ BGB unterscheidet im Wesentlichen drei Güterstände: Zugewinngemeinschaft/Gütertrennung/Gütergemeinschaft

Hauptteil

▶ Güterstände nach dem Zivilrecht
  – Zugewinngemeinschaft: besteht kraft Gesetzes (gesetzlicher Güterstand)
    – kein gemeinschaftliches Vermögen der Ehegatten (Gütertrennung); jeder verwaltet sein Vermögen selbständig (aber Verfügungsbeschränkungen!)
    – Zugewinnausgleich bei Scheidung oder Tod
    (Zugewinn = Vermögenszuwachs, den jeder Ehegatte während der Ehe erzielt; Ausgleich bei Scheidung: schuldrechtlicher Anspruch auf Ausgleich von 1/2 des Überschusses)
  – Gütertrennung: subsidiär zur Zugewinngemeinschaft (durch Ehevertrag);
    Eheleute stehen einkommens- und vermögensmäßig nicht verheirateten Personen gleich; bei Scheidung oder Tod kein Zugewinnausgleich
  – Gütergemeinschaft: subsidiär zur Zugewinngemeinschaft (durch Ehevertrag)
    – gemeinschaftliches Vermögen der Eheleute (Gesamtgut): gemeinsame Verwaltung, Auseinandersetzung
    – Sondergut (persönliche, nicht übertragbare Rechte)
    – Vorbehaltsgut (durch Vertrag bestimmte Güter, Erbe)
    – jeder Ehegatte verwaltet sein Sonder-/Vorbehaltsgut selber
    – Scheidung: Teilung; Tod: allgemeine Regeln des Erbrechts
    – Güterstand und Ertragsteuerrecht
▶ Zurechnung von Einkünften:
  – Grundsatz (bei Zugewinngemeinschaft und Gütertrennung): getrennte Einkunftsermittlung und sodann Zurechnung bei dem jeweiligen Ehegatten
  – Sonderfall (bei Gütergemeinschaft):
    Einkünfte aus Sondergut/Vorbehaltsgut → Prüfung, wer jeweils Tatbestand der Einkunftserzielung verwirklicht = jeweilige Zurechnung (keine pauschale gemeinschaftliche Zurechnung), ggf. Entscheidung mit (negativem) Feststellungsbescheid;
    §§ 13, 15 EStG: Mitunternehmerschaft bei Gesamtgut (auch wenn nur ein Ehegatte Unternehmen betreibt);
    § 18 EStG: freiberufliche Mitunternehmerschaft nur, wenn Ehegatten Tätigkeit gemeinsam ausüben;
    Überschusseinkünfte: Zurechnung jeweils zur Hälfte, Ausnahme § 19 EStG.

Schlussbemerkung

Güterstand und Erbschaft-, Schenkungsteuer

- ▶ Begründung/Wechsel Güterstand (Schenkungsteuer): Schenkung bei Vereinbarung Gütergemeinschaft (§ 7 Abs. 1 Nr. 4 ErbStG)
- ▶ Tod eines Ehegatten:
  - Zugewinngemeinschaft: gesetzlicher Erbteil des Ehegatten wird mit Rücksicht auf Zugewinnausgleich um 1/4 erhöht; (fiktive) Zugewinnausgleichsforderung steuerfrei (§ 5 Abs. 1 ErbStG)
  - Gütergemeinschaft: Gesamtgut geht auf Ehegatten über; Besonderheit: fortgesetzte Gütergemeinschaft zwischen überlebenden Ehegatten und Kindern (§ 4 Abs. 1 ErbStG)

Thema 64 Insolvenzverfahren

Einleitung

- ▶ In Kraft getreten zum 1.1.1999; hat Konkursordnung, Vergleichsordnung, Gesamtvollstreckungsordnung (neue Bundesländer) abgelöst.
- ▶ Das Insolvenzverfahren dient der gleichmäßigen, quotenmäßigen Befriedigung aller Gläubiger (in Abgrenzung zur Einzelzwangsvollstreckung).
- ▶ Das Insolvenzverfahren ist ein förmliches Verfahren vor dem Insolvenzgericht (Amtsgericht) mit der Möglichkeit von Rechtsmitteln gegen die Entscheidungen des Gerichts.

Hauptteil

- ▶ Insolvenzeröffnungsverfahren
  - Voraussetzungen der Insolvenzeröffnung
    - Antrag (durch Gläubiger oder Schuldner; Auskunftspflicht des Schuldners/Vertreters/der Aufsichtsorgane)
    - Insolvenzgründe: (drohende) Zahlungsunfähigkeit, Überschuldung
    - den Verfahrenskosten entsprechende Insolvenzmasse (ansonsten wird das Gericht den Antrag „mangels Masse" abweisen)
  - Eröffnungsbeschluss
  - Ggf. weitere Anordnungen des Gerichts (Sicherungsmaßnahmen):
    - Einsetzung eines vorläufigen Insolvenzverwalters
    - allgemeines Verfügungsverbot des Schuldners
    - Untersagung/Einstellung von Vollstreckungsmaßnahmen gegen den Schuldner
- ▶ das eröffnete Insolvenzverfahren

  Verwaltungs-, Verfügungsrecht geht auf Insolvenzverwalter über; „Bereinigung" der Insolvenzmasse durch Aussonderung, Absonderung und ggf. durch Insolvenzanfechtung; Erfüllung handels-, steuerrechtlicher Pflichten (Buchführungspflichten für die Masse); Berichterstattung gegenüber Gläubigerversammlung, welche über Stilllegung/vorläufige Weiterführung des Unternehmens entscheidet; Verwertung der Masse; Befriedigung der Insolvenzgläubiger

- ▶ Beendigung des Insolvenzverfahrens
  - Einstellung durch Gericht (z. B. Verzicht aller Insolvenzgläubiger)
  - Aufhebung; Beispiele: nach erfolgter Zerschlagung der Insolvenzmasse (Schlussverteilung vollzogen/nach Bestätigung des Insolvenzplanes)
  - Insolvenzplan: tritt an Stelle von Vergleich; Erstellung durch Schuldner oder Insolvenzverwalter (im Auftrag Gläubigerversammlung); Ziel der Fortführung des Unternehmens, dazu (teilweiser) Forderungsverzicht Gläubiger

Schlussbemerkung

Hinweis auf besondere Verfahrensarten (z. B. Verbraucherinsolvenz-, Restschuldbefreiungsverfahren)

Thema 65 Rechtsfähigkeit, Geschäftsfähigkeit, Deliktsfähigkeit

Einleitung

Die Begriffe wie z. B. Rechts-, Geschäfts- und Deliktsfähigkeit umschreiben verschiedene Fähigkeiten, die eine Person in der Rechtsordnung haben kann.

Hauptteil

- Rechtsfähigkeit = Fähigkeit, Träger von Rechten und Pflichten zu sein
  - natürliche Personen (§ 1 BGB): Beginn mit der Vollendung der Geburt; Ende mit dem Tod
  - juristische Personen: Umfang ist insoweit beschränkt, als ihr die den natürlichen Personen vorbehaltenen Rechtsgebiete (insbes. das Familienrecht, aber auch die Staatsangehörigkeit) verschlossen sind
  - juristische Personen des Privatrechts (z. B. AG, GmbH) erlangen ihre Rechtsfähigkeit im Regelfall durch Eintragung in das vom zuständigen Gericht geführte Register
  - juristische Personen des öffentlichen Rechts (z. B. Körperschaften, Anstalten und Stiftungen) erlangen ihre Rechtsfähigkeit mit ihrer Errichtung
  - Personengesellschaften (OHG, KG) besitzen Teilrechtsfähigkeit (§ 124 HGB/§ 161 Abs. 2, § 124 HGB); nach neuerer BGH-Rspr. auch die GbR
- Geschäftsfähigkeit = Fähigkeit, Rechtsgeschäfte durch eigenes Handeln wirksam vorzunehmen
  - Geschäftsunfähigkeit (§ 104 BGB)
  - beschränkte Geschäftsfähigkeit (7. bis 18. Lebensjahr; §§ 106 ff. BGB): grundsätzlich Einwilligung des gesetzlichen Vertreters (§ 107 BGB); ohne Zustimmung sind Verträge schwebend unwirksam, können nachträglich genehmigt werden (§ 108 Abs. 1 BGB); wirksam sind solche Geschäfte, die der beschränkt Geschäftsfähige aus Mitteln erfüllt, die ihm zu diesem Zweck oder zu freier Verfügung überlassen waren (§ 110 BGB); einseitige Rechtsgeschäfte (§ 111 BGB); „Unternehmensfähigkeit" (§ 112 BGB); „Arbeitsmündigkeit" (§ 113 BGB)
  - volle Geschäftsfähigkeit mit der Volljährigkeit
- Deliktsfähigkeit = Zurechnungsfähigkeit
  - im Strafrecht = Strafmündigkeit/Schuldfähigkeit (bis 14: schuldunfähig; bis 18: Schuldfähigkeit muss vom Gericht positiv festgestellt werden; bis 21: Schuldfähigkeit wird vermutet; ab 21: schuldfähig)
  - im Zivilrecht/Deliktsrecht/Schadensersatzrecht (bis 7: deliktsunfähig; bis 18: Deliktsfähigkeit muss positiv festgestellt werden; ab 18: volle Deliktsfähigkeit)

Schlussbemerkung

Vergleich mit dem Steuerrecht:

- Steuerrechtsfähigkeit (§§ 33 f. AO): geht über den zivilrechtlichen Begriff der Rechtsfähigkeit hinaus und erfasst auch nichtrechtsfähige (Steuer-)Subjekte
- Handlungsfähigkeit (§ 79 AO): entspricht der Geschäftsfähigkeit im BGB

Thema 66 Zustandekommen schuldrechtlicher Verträge

Einleitung

Zustandekommen = wirksame Einigung der Parteien über die Herbeiführung einer bestimmten erstrebten Rechtsfolge

Einigung bedeutet, dass
- übereinstimmende Willenserklärungen vorliegen und
- die Einigung die notwendigen Vertragsbestandteile umfasst

Hauptteil

▶ Willenserklärung
  - Voraussetzungen: Erklärung (= jedes äußere Verhalten); mit (Geschäfts-) Willen; Abgabe (= vom Erklärenden auf den Weg gebracht)
  - wirksam mit Zugang der Willenserklärung; unwirksam bei Mangel der Geschäftsfähigkeit (Geschäftsunfähigkeit, §§ 104 f. BGB; bei beschränkter Geschäftsfähigkeit ggf. Ausnahmetatbestände, §§ 107–113 BGB); rückwirkende Nichtigkeit bei Anfechtung (§ 142 BGB) beispielsweise wegen Irrtums (§ 119 BGB) oder arglistiger Täuschung (§ 123 BGB)

▶ übereinstimmende Willenserklärungen

▶ mehrere Willenserklärungen
  - i. d. R. in Form von Angebot und Annahme (§§ 145, 146 BGB)
  - evtl. wird Willenserklärung in Vertretung abgegeben (§§ 164 ff. BGB)

▶ Rechtzeitigkeit der Annahme (sofortige Annahme unter Anwesenden, § 147 BGB; Bestimmung einer Annahmefrist, § 148 BGB; verspätet zugegangener Annahmeerklärung, § 149 BGB; verspätete Annahme = neues Angebot, § 150 Abs. 1 BGB)

▶ inhaltliche Übereinstimmung (§ 150 Abs. 2 BGB); Einigungsmangel (§§ 154 f. BGB)

▶ Einigung über Vertragsbestandteile
  - erforderliche Vertragsbestandteile (Leistung und ggf. Gegenleistung; bestimmbar)
  - mögliche Vertragsbestandteile (Zustand, Ort, Zeit, Nebenleistung/Nichterfüllungs-, Abwicklungsregeln) erforderlich, wenn verlangt; § 154 BGB

Schlussbemerkung

keine Nichtigkeitsgründe (beispielhaft)
  - Formmangel (§ 125 BGB)
  - gesetzliches Verbot (§ 134 BGB)
  - sittenwidriges Rechtsgeschäft (§ 138 BGB)

7. Gewerbesteuer

Thema 67 Beginn und Ende der Gewerbesteuerpflicht

Einleitung

- ▶ Unterscheidung der Gewerbesteuerpflicht
  - sachlich: Erfüllung der Voraussetzungen nach dem GewStG
  - persönlich: Steuerschuldnerschaft
- ▶ hier somit: Beginn und Ende der sachlichen GewSt-Pflicht

Hauptteil

- ▶ Beginn der sachlichen Steuerpflicht
  - Beginn bei Einzelgewerbebetrieben
    - mit der Aufnahme der gewerblichen Tätigkeit (alle Voraussetzungen der Definition des Gewerbebetriebes nach § 15 Abs. 2 EStG müssen erfüllt sein!)
    - Folge: vorweggenommene Betriebsausgaben (z. B. Gutachterkosten, Rechtsanwalt-/ Steuerberatergebühren, bereits vorher gemietete Geschäftsräume, vorweg angeschafftes Werkzeug) werden nicht mindernd berücksichtigt!
  - Beginn bei Personengesellschaften
    - wie bei Einzelunternehmen
    - Eintragung ins Handelsregister ist unbeachtlich
  - Beginn bei Kapitalgesellschaften und anderen Körperschaften
    - sind die Körperschaften (durch Abschluss des Gesellschaftsvertrages und Eintragung in das Handelsregister usw.) zivilrechtlich existent, so stellen sie „stets und in vollem Umfang" einen Gewerbebetrieb dar. Vorweggenommene Betriebsausgaben werden mindernd berücksichtigt!
    - bei Vor-Gesellschaften (steuerrechtliche Identität mit der späteren Körperschaft) beginnt die GewSt-Pflicht mit der Aufnahme der nach außen in Erscheinung tretenden geschäftlichen Tätigkeit.
- ▶ Ende der Gewerbesteuerpflicht
  - Ende bei Einzelgewerbebetrieben/Personengesellschaften
    - mit tatsächlicher Einstellung des Betriebes = völlige Aufgabe jeder werbenden Tätigkeit
    - das „Versilbern des Betriebes" gehört nicht mehr zur werbenden Tätigkeit, so dass diese Veräußerungsgewinne nicht zu berücksichtigen sind
  - Ende bei Kapitalgesellschaften und anderen Körperschaften
    - mit der Beendigung der Liquidation
    - Veräußerungsgewinne durch „Versilbern des Betriebes" werden berücksichtigt!

Thema 67

Schlussbemerkung

Wichtiges Beratungsfeld in Zusammenhang mit der Existenzgründung bei Einzelunternehmen oder Personengesellschaften. Auch bei Anlaufverlusten kann durch Vermeidung vorweggenommener Betriebsausgaben (Anschaffungen etc., die durchaus auch später erfolgen können) ein höherer Verlustvortrag gebildet werden.

Thema 68 Dauerschulden und Dauerschuldzinsen im Gewerbesteuerrecht

Einleitung

▶ Gewerbesteuer als „Objektsteuer": Wirtschaftliche Leistungsfähigkeit soll unabhängig von der Finanzierung des Betriebs (Eigenmittel oder Fremdmittel) ermittelt werden.

▶ Instrument: Hinzurechnung von Zinsen zum gewerblichen Gewinn (§ 8 Nr. 1 GewStG).

Hauptteil

Übersicht der Hinzurechnungstatbestände

Nr. 1		Finanzierungsanteil
Buchst. a	Entgelte für Schulden	100 %
Buchst. b	Renten und dauernde Lasten	100 %
Buchst. c	Gewinnanteile des stillen Gesellschafters	100 %
Buchst. d	Miet- und Pachtzinsen für bewegliche Wirtschaftgüter	20 %
Buchst. e	Miet- und Pachtzinsen für unbewegliche Wirtschaftgüter	50 %
Buchst. f	zeitlich befristete Überlassung von Rechten	25 %

▶ die Hinzurechnung der aufgeführten Finanzierungsanteile zu 25 % wird nur dann vorgenommen, soweit deren Summe den Freibetrags von 100 000 € übersteigt

▶ Hinzurechnung von Entgelten für Schulden (§ 8 Nr. 1 Buchst. a GewStG)

   Verbreiterung der Bemessungsgrundlage; auch kurzfristige Schulden einschließlich Skonti/sonstige wirtschaftliche Vorteile im Zusammenhang mit Forderungen aus Lieferungen und Leistungen hinzuzurechnen; Laufzeit der Schuld oder Zusammenhang mit der Gründung des Betriebs unerheblich

▶ Hinzurechnung von Renten und dauernden Lasten (§ 8 Nr. 1 Buchst. b GewStG)

   − bis zum Erhebungszeitraum 2007 in voller Höhe hinzuzurechnen, sofern Zusammenhang mit Gründung/Erwerb des Betriebs (Teilbetriebs) oder eines Anteils am Betrieb; seit 2008 beide Voraussetzungen entfallen; § 8 Nr. 1 Buchst. b GewStG n. F. rechnet Renten und dauernde Lasten grds. hinzu

   − unmittelbar erteilte Versorgungszusage fällt nicht unter die Hinzurechnung

▶ Gewinnanteile des stillen Gesellschafters (§ 8 Nr. 1 Buchst. c GewStG)

   − bis zum Erhebungszeitraum 2007 Korrespondenzprinzip; sollte doppelte gewerbesteuerliche Belastung beim Leistenden und beim Empfänger verhindern (europarechtswidrig!)

   − ab 2008 werden auch solche Gewinnanteile beim Leistenden gewerbesteuerlich hinzugerechnet, die beim Empfänger der GewSt unterliegen

▶ Miet- und Pachtzinsen für bewegliche Wirtschaftgüter (§ 8 Nr. 1 Buchst. d GewStG)

   − bis EZ 2007 die Hinzurechnung der Hälfte der Miet- und Pachtzinsen (einschließlich Leasingraten) für die Benutzung der nicht in Grundbesitz bestehenden Wirtschaftsgüter des Anlagevermögens, wenn diese im Eigentum eines anderen standen. Die hälftige Hinzurechnung unterblieb, wenn die Zahlungen beim Vermieter oder Verpächter der GewSt

unterlagen. Eine Sonderregelung galt für die Verpachtung von Betrieben und Teilbetrieben.
- Ab 2008 ist Hinzurechnung in jedem Fall – ungeachtet der bestehenden Gewerbesteuerpflicht des Vermieters/Verpächters vorzunehmen; auch Unterscheidung danach, ob Gegenstand der Nutzungsüberlassung einzelne Wirtschaftgüter sind oder ein Betrieb oder Teilbetrieb zur Nutzung überlassen wird, ist entfallen
- bis zum Erhebungszeitraum 2009: Finanzierungsanteil i. H. v. 65 %

▶ Miet- und Pachtzinsen für unbewegliche Wirtschaftsgüter (§ 8 Nr. 1 Buchst. e GewStG)
- bis zum Erhebungszeitraum 2007 unterlagen Miet- und Pachtzinsen einschließlich Leasingraten für die Benutzung von in Grundbesitz bestehenden Wirtschaftsgütern keiner gewerbesteuerlichen Hinzurechnung
- nach § 8 Nr. 1 Buchst. e GewStG erstreckt sich die Hinzurechnung auch auf unbewegliche Wirtschaftsgüter. Hierbei kann es sich auch um ein immaterielles Wirtschaftsgut wie insbesondere den pachtweise überlassenen Geschäfts- oder Firmenwert handeln
- zur Abgrenzung des Grundvermögens von den Betriebsvorrichtungen gelten die Grundsätze der gleich lautenden Erlasse der obersten Finanzbehörden der Länder vom 15. 3. 2006 (BStBl 2006 I 314)

▶ Aufwendungen für die zeitlich befristete Überlassung von Rechten (§ 8 Nr. 1 Buchst. f GewStG)
- zeitlich befristete Überlassung von Rechten führte bisher nicht zu einer Hinzurechnung.
- ab EZ 2008 wird der Zinsanteil insbesondere für Konzessionen, gewerbliche Schutzrechte, Urheberrechte, Lizenzrechte und Namensrechte mit einem Viertel angesetzt
- ausgenommen von der Hinzurechnung sind Vergütungen für sog. Vertriebslizenzen oder „Durchleitungsrechte", die ausschließlich dazu berechtigen, daraus abgeleitete Rechte Dritten zu überlassen. Zudem sind von der Hinzurechnung die nach § 25 des Künstlersozialversicherungsgesetzes zur Bemessungsgrundlage für die Künstlersozialabgabe gehörenden Aufwendungen auszunehmen

Schlussbemerkung

Änderungen durch Unternehmenssteuerreform 2008 in Zusammenhang mit weiteren Neuerungen zu sehen (Staffel, kein BA-Abzug); tendenziell höhere GewSt-Belastung; Ausgleich durch erhöhte Anrechnung bei ESt

Thema 69 Der Gewerbeverlust nach § 10a GewStG

Einleitung

- ▶ Verluste werden nach dem Prinzip der Besteuerung nach Leistungsfähigkeit auch bei der Gewerbesteuer berücksichtigt.
- ▶ Hinsichtlich der Voraussetzungen und des Verfahrens ergeben sich jedoch Unterschiede zur Einkommen- und Körperschaftsteuer.

Hauptteil

- ▶ Verfahren
  - Entsteht in einem Jahr ein Gewerbeverlust (ermittelt wie Gewerbeertrag), kann er in den Folgejahren vom Gewerbeertrag (Ergebnis aus Gewerbebetrieb einschließlich Hinzurechnungen/Kürzungen) abgezogen werden.
  - Vortragsfähige Fehlbeträge werden gesondert festgestellt
- ▶ Unternehmens-/Unternehmeridentität
  - Unternehmensidentität: Gewerbebetrieb mit Verlustanrechnung ist identisch mit Gewerbebetrieb der Verlustentstehung (Kriterien: Kunden, Lieferanten, Arbeitnehmer, Geschäftsleitung u. a.)
  - Unternehmeridentität: Anspruch auf Verlustabzug nur für die Person, bei der der Verlust entstanden ist (Personenbezogenheit des Verlustabzugs). Bei Übergang eines Gewerbebetriebs im Ganzen entfällt der Verlustabzug (§ 10a Satz 8 GewStG)
  - bei Eintritt von Gesellschaftern in bisheriges Einzelunternehmen/bestehende Personengesellschaft oder Einbringung eines Einzelunternehmens in Personengesellschaft bleibt Verlustabzug in voller Höhe bestehen, jedoch nur abzugsfähig vom Anteil am Gewerbeertrag, der auf den bisherigen Einzelunternehmer/die Altgesellschafter entfällt
  - beim Ausscheiden eines Gesellschafters aus einer Personengesellschaft entfällt dessen anteiliger Verlustabzug
  - bei Kapitalgesellschaften gelten die Voraussetzungen für den körperschaftsteuerlichen Verlustabzug gem. § 8c KStG entsprechend: beschränkter Verlustabzug bei mehr als 25%iger Veräußerung; volle Verlustbeschränkung bei mehr als 50%iger Veräußerung innerhalb von 5 Jahren

Schlussbemerkung

- ▶ Vergleich mit Einkommen-/Körperschaftsteuer: z. B. kein Verlustrücktrag möglich, kein Wahlrecht bezüglich des Verbrauchs vortragsfähiger Verluste (auch wenn Freibetrag von 24 500 € unterschritten wird)
- ▶ Durch das JStG 2010 wurde § 35b Abs. 2 Satz 2 und 3 GewStG zur Regelung des vortragsfähigen Verlustes geändert: Eine erstmalige oder korrigierte Verlustfeststellung ist nach Bestandskraft des Gewerbesteuermessbescheids für den betreffenden Erhebungszeitraum hinsichtlich nacherklärter Gewerbeverluste nur zulässig, wenn der Gewerbesteuermessbescheid geändert werden kann.

Thema 70 Hinzurechnungen und Kürzungen bei der Ermittlung des Gewerbeertrags

Einleitung

▶ Bemessungsgrundlage der GewSt ist der Gewerbeertrag, der auf Grundlage des einkommensteuerlichen Gewinns unter Berücksichtigung gesetzlich vorgeschriebener Hinzurechnungen und Kürzungen ermittelt wird (§ 7 Satz 3 GewStG).

▶ Zweck der Hinzurechnung/Kürzung: Ertrag soll unabhängig vom Einsatz von Fremdkapital und fremden Wirtschaftsgütern ermittelt werden; mögliche doppelte (gewerbesteuerliche) Berücksichtigung von Ertragsteilen soll vermieden werden.

Hauptteil

▶ Wesentliche Hinzurechnungen (§ 8 GewStG)
  - 25% der Schuldzinsen (§ 8 Nr. 1 Buchst. a GewStG), wenn sie zuvor den Gewinn gemindert haben
  - Renten und dauernde Lasten (§ 8 Nr. 1 Buchst. b GewStG)
  - Gewinnanteile des typisch stillen Gesellschafters (§ 8 Nr. 1 Buchst. c GewStG)
  - 25% von 1/5 der Miet- und Pachtzinsen/Leasingraten für bewegliche Anlagegüter (§ 8 Nr. 1 Buchst. d GewStG)
  - 25% von 1/2 der Miet- und Pachtzinsen/Leasingraten für unbewegliche Anlagegüter (§ 8 Nr. 1 Buchst. e GewStG)
  - 25% von 1/4 der Aufwendungen für zeitlich befristete Überlassung von Rechten (§ 8 Abs. 1 Nr. 1 Buchst. f GewStG)
  - → Freibetrag von 100 000 € (§ 8 Nr. 1 GewStG)
  - steuerfreier Gewinnanteil aus Beteiligungen an Kapitalgesellschaften soweit kein Fall des § 9 Nr. 2a oder 7 (= 15 % Beteiligung zu Beginn des Erhebungszeitraums) vorliegt (§ 8 Nr. 5 GewStG)
  - Verlustanteile aus Mitunternehmerschaften (§ 8 Nr. 8 GewStG, Vermeidung einer Doppelbesteuerung)
  - abziehbare Spenden von Kapitalgesellschaften (§ 8 Nr. 9 GewStG, da Ausgangspunkt für Ermittlung des Gewerbeertrags bei Körperschaften das zu versteuernde Einkommen darstellt, nicht der Gewinn)

▶ Wesentliche Kürzungen (§ 9 GewStG)
  - 1,2 % des Einheitswerts (Erhöhung um 40 %!) für betrieblichen Grundbesitz (§ 9 Nr. 1 GewStG); Vermeidung der Doppelbesteuerung (Grundsteuer)
  - Gewinnanteile aus Mitunternehmerschaften, sofern bereits im Gewinn enthalten (§ 9 Nr. 2 GewStG); Vermeidung der Doppelbesteuerung
  - Gewinnanteile aus Beteiligungen an inländischen, nicht steuerbefreiten Kapitalgesellschaften bei einer Mindestbeteiligung von 15 % zu Beginn des Erhebungszeitraums, sofern Gewinnanteile im Gewinn berücksichtigt (§ 9 Nr. 2a GewStG)
  - Ertragsanteile ausländischer Betriebsstätten (§ 9 Nr. 3 GewStG)
  - Spenden (mit Höchstbetragsberechnung, § 9 Nr. 5 GewStG)

- Gewinne aus ausländischen Tochtergesellschaften, sofern Gewinnanteile im Gewinn berücksichtigt (§ 9 Nr. 7 GewStG)

Schlussbemerkung

Der Gewerbesteuer als „Objektsteuer" soll die von Belastungen durch fremdes Vermögen (Geld oder Anlagen) und Doppelerfassungen freie Ertragskraft eines Gewerbebetriebs unterliegen.

Aktuelle Änderungen durch die Unternehmenssteuerreform 2008

8. Körperschaftsteuerrecht/Vereinsrecht

Thema 71   Besteuerung gemeinnütziger Vereine

Einleitung
- ▶ Vereine unterliegen dem Grundsatz nach der Körperschaftsteuer (§ 1 Abs. 1 Nr. 5 KStG)
- ▶ Steuerbefreiungen bzw. steuerliche Vorteile für gemeinnützige Vereine ergeben sich aus § 5 Abs. 1 Nr. 9 KStG, § 3 Nr. 6 GewStG, § 13 Abs. 1 Nr. 16 Buchst. b ErbStG, § 3 Abs. 1 Nr. 3 Buchst. b GrStG, § 12 Abs. 2 Nr. 8 Buchst. a UStG (Steuersatz 7 %), soweit nicht ein wirtschaftlicher Geschäftsbetrieb unterhalten wird
- ▶ Gewerbesteuerpflicht nur für wirtschaftlichen Geschäftsbetrieb eines Vereins (§ 2 Abs. 3 GewStG)

Hauptteil
- ▶ Voraussetzungen steuerbegünstigte Zwecke: vgl. §§ 51 – 68 AO, insbes.
  - – gemeinnützige, mildtätige, kirchliche Zwecke (§§ 52 – 54 AO)
  - – Selbstlosigkeit, Ausschließlichkeit, Unmittelbarkeit (§§ 55 – 57 AO), in diesem Zusammenhang, Problem der zeitnahen Mittelverwendung und Möglichkeit der Rücklagenbildung (§ 55 Abs. 1 Nr. 5, § 58 Nr. 6, 7 AO)
  - – Einhaltung der Satzungsbestimmungen (§ 63 AO)
- ▶ Steuerpflicht für wirtschaftliche Geschäftsbetriebe (vgl. § 64 AO)
  - – Steuerpflicht besteht für wirtschaftliche Geschäftsbetriebe, soweit sie nicht Zweckbetriebe darstellen, oder wenn Einnahmen aus wirtschaftlichem Geschäftsbetrieb 35 000 € übersteigen
  - – wirtschaftlicher Geschäftsbetrieb (§ 14 AO): selbstständige, nachhaltige Tätigkeit mit Einnahmen-/Vorteilserzielungsabsicht; über Vermögensverwaltung hinausgehend
  - – Zweckbetrieb (§§ 65 – 68 AO): wirtschaftlicher Geschäftsbetrieb der notwendig der Erreichung des steuerbegünstigten Zwecks dient, und nicht übermäßig in Wettbewerb mit nicht begünstigten Betrieben tritt; Spezialfälle: Einrichtungen der Wohlfahrtspflege, Krankenhäuser, sportliche Veranstaltungen, sonstige Zweckbetriebe bei Vorliegen der gesetzlichen Voraussetzungen
- ▶ Steuerfreiheit für ideellen Vereinsbereich und Vermögensverwaltung
  - – ideeller Vereinsbereich (in dem Verein seine gemeinnützigen Zwecke unmittelbar verfolgt): Mitgliedsbeiträge, Aufnahmegebühren, öffentliche Zuschüsse und Spenden/Schenkungen/Erbschaften/Vermächtnisse
  - – Vermögensverwaltung: Einkünfte aus Kapitalvermögen und aus Vermietung und Verpachtung (Problem der Abgrenzung zum wirtschaftlichen Geschäftsbetrieb insbes. bei Anteilen an Kapitalgesellschaften)

Schlussbemerkung
- ▶ Abgrenzungsprobleme z. B. beim „Sponsoring" (vgl. hierzu Erlass vom 18. 2. 1998)
- ▶ Verfahren:
  - – ordnungsgemäße Aufzeichnungen erforderlich, § 63 Abs. 3 AO

- Überprüfung der Voraussetzungen für Steuerfreiheit, steuerliche Vorteile im 3-Jahres-Rhythmus; jährliche Abgabe von Steuererklärungen bei wirtschaftlichen Geschäftsbetrieben, wenn Freigrenze von 35 000 € (§ 64 Abs. 3 AO) überschritten wird
- Der Spendenabzug nach § 10b EStG wurde auch auf gemeinnützige Vereine entsprechend § 5 Abs. 1 Nr. 9 KStG in der EU/EUR ausgeweitet.

Thema 72 Ausländische Einkünfte im Körperschaftsteuerrecht

Einleitung

- Bei unbeschränkter Steuerpflicht sind alle inländischen und ausländischen Einkünfte der Besteuerung zugrunde zu legen (§ 1 Abs. 2 KStG).
- Bei ausländischen Einkünften kommt es daher zu einer Doppelbesteuerung, sofern nicht bestehende Doppelbesteuerungsabkommen dies verhindern.
- Doppelbesteuerung soll durch § 26 KStG i.V. mit § 34c EStG vermindert/gemildert werden.

Hauptteil

- Ausländische Einkünfte (vgl. § 34d EStG). Hauptanwendungsfall für Kapitalgesellschaften: Einkünfte aus Gewerbebetrieb von im Ausland belegenen Betriebsstätten
- Einschränkung der Verlustverrechnung nach § 2a Abs. 1 EStG (Hinweis § 8 Abs. 1 KStG), Verlustabzug nach § 2a Abs. 1 (Erweiterung durch § 2a Abs. 2) EStG
- Anrechnungsmethode (§ 34c Abs. 1 EStG)
- Anrechnung der endgültigen ausländischen Steuer für ausländische Einkünfte auf die deutsche Körperschaftsteuer, die auf die ausländischen Einkünfte entfällt
  - Voraussetzung: ausländische Steuer muss der deutschen Körperschaftsteuer entsprechen (Nachweis, § 68b EStDV)
  - Ermittlung der deutschen Steuer auf ausländische Einkünfte: Aufteilung der deutschen Körperschaftsteuer (ohne Änderung durch Gewinnausschüttung) auf gesamtes zu versteuerndes Einkommen inkl. ausländischen Einkünften im Verhältnis ausländische Einkünfte zur Summe der Einkünfte
  - Hinweis zum Verfahren bei Einkünften aus mehreren ausländischen Staaten (jeweils gesonderte Berechnung, § 68a EStDV)
- Abzugsmethode (§ 34c Abs. 2, 3 EStG)
  - Abzug der ausländischen Steuer bei Ermittlung der Einkünfte
  - Voraussetzung: auf Antrag oder wenn Voraussetzungen für Anrechnung nicht vorliegen
  - Vorteil dieser Methode insbesondere bei Kappung anzurechnender ausländischer Steuer durch Höchstbetrag (§ 34c Abs. 1 Satz 2 EStG)
- Doppelbesteuerungsabkommen gehen steuergesetzlichen Regelungen vor (§ 2 AO, § 34c Abs. 6 EStG)
  - Freistellungsmethode: Besteuerung nur im ausländischen (Quellen)Staat unter Freistellung von deutscher Besteuerung
  - Anrechnungsmethode: vgl. § 34c EStG

Schlussbemerkung

Hinweis auf Möglichkeit, auf ausländische Einkünfte entfallende deutsche Steuer zu erlassen oder mit einem Pauschbetrag festzusetzen (§ 34c Abs. 5 EStG)

Praxisproblem der Ermittlung ausländischer Einkünfte, Zuordnung von Betriebsausgaben direkt oder indirekt (nach Lohnsumme, Umsätzen oder dergleichen)

9. Umsatzsteuerrecht
Thema 73 Besteuerungsverfahren in der Umsatzsteuer

Einleitung
Umsatzsteuer = Anmeldungssteuer, § 150 Abs. 1 Satz 2 AO; regelmäßige Abgabe Umsatzsteuer-(Vor)Anmeldung; Entrichtung selbst berechneter Steuer ohne weitere Aufforderung des Finanzamts.

Hauptteil

- ▶ Rechtsgrundlage, §§ 16, 18 UStG
  - Anmeldung = Festsetzung unter Vorbehalt der Nachprüfung, § 168 AO
  - Grundsatz der Sollversteuerung (nach vereinbarten Entgelten); § 16 Abs. 1 Satz 1 UStG. Auf Antrag (unter weiteren Voraussetzungen) Möglichkeit der Ist-Versteuerung (nach vereinnahmten Entgelten), § 20 UStG (Liquiditätsvorteil)

- ▶ Wer/Erklärungspflichtiger

  Unternehmer (§ 18 Abs. 1 Satz 1 UStG); Kleinunternehmer (§ 19 UStG): auf Verlangen des Finanzamts, für innergemeinschaftlichen Erwerb (§ 19 Abs. 4 UStG); juristische Personen des öffentlichen Rechts: für innergemeinschaftlichen Erwerb; Privatpersonen: als Fahrzeuglieferer i. S. des § 2a UStG

- ▶ Wann/Besteuerungszeitraum, Voranmeldungszeitraum
  - Besteuerungszeitraum = Kalenderjahr (§ 16 Abs. 1 Satz 2 UStG)
  - Abgabe Steueranmeldung bis 31.5 des Folgejahres (§ 18 Abs. 3 UStG, § 149 Abs. 2 AO; Hinweis: § 18 Abs. 3 Satz 1 UStG)
  - eigenhändige Unterschrift des Unternehmers (§ 18 Abs. 3 Satz 3 UStG)
  - Voranmeldungszeitraum: Kalendervierteljahr (§ 18 Abs. 2 UStG); Kalendermonat, wenn USt des Vorjahres > 7 500 €; keine Voranmeldung, wenn USt Vorjahr ≤ 1 000 € (Antrag); Hinweis: Wahlrecht gem. § 18 Abs. 2a UStG und Dauerfristverlängerung (§ 46 UStDV). Monatlicher Voranmeldungszeitraum in Neugründungsfällen seit 2002 (§ 18 Abs. 2 Satz 4 UStG)

- ▶ Was/Inhalt der Voranmeldung/Steuererklärung
  - eigene Berechnung der USt-Zahllast, des Vorsteuerüberhangs; Berechnung nach vereinbarten Entgelten (Ausnahme § 20 UStG); Berechnung nach § 16 UStG
  - Vorauszahlung am 10. Tag nach Ablauf Voranmeldungszeitraum fällig (§ 18 Abs. 1 Satz 3 UStG); Abschlusszahlung Jahressteuer einen Monat nach Eingang Steueranmeldung fällig (§ 18 Abs. 4 UStG)

Schlussbemerkung

- ▶ Besonderheiten:
  - Beförderungseinzelbesteuerung (§ 16 Abs. 5, § 18 Abs. 5 UStG)
  - Fahrzeugeinzelbesteuerung (§ 1b, § 16 Abs. 5a, § 18 Abs. 5a UStG)
  - Kleinunternehmer (§ 19 UStG): Umsatzsteuer wird nicht erhoben, wenn Umsatz im Vorjahr 17 500 € nicht überstiegen hat und im laufenden Jahr voraussichtlich 50 000 € nicht übersteigen wird (Gesamtumsatz, § 19 Abs. 3 UStG)

Thema 73

- Steuerschuldnerschaft des Leistungsempfängers, § 13b UStG
- neuer Grenzwert Ist-Versteuerung gem. § 20 UStG (500 000 €)
- Fiskalvertreter (§§ 22 – 22e UStG)
- **Reverse-Charge-Verfahren**

In bestimmten Fällen schuldet nicht der leistende Unternehmer, sondern ausnahmsweise der Leistungsempfänger die Umsatzsteuer gegenüber dem Finanzamt. Diese Umkehr der Steuerschuldnerschaft wird auch als „Reverse-Charge-Verfahren" bezeichnet (übersetzt „umgekehrte Belastung") und spielt national wie international (insbesondere innerhalb Europas) eine wichtige Rolle. Ist der Leistungsempfänger zum Vorsteuerabzug berechtigt, gleichen sich die geschuldete Reverse-Charge-Umsatzsteuer und der Vorsteuerabzug aus. Beim Reverse-Charge-Verfahren darf der Leistende in seiner Rechnung keine Umsatzsteuer ausweisen. Andernfalls schuldet er die gesondert ausgewiesene Umsatzsteuer nach § 14c UStG und der Leistungsempfänger erhält hieraus keinen Vorsteuerabzug (was bei ihm zu einer Doppelbelastung führt).

Beispiel: neu seit 2011 bei Gebäudereinigern

Thema 74 Differenzbesteuerung nach § 25a UStG

Einleitung

▶ Sonderregelung für Besteuerung der Lieferung beweglicher/körperlicher Gegenstände (§ 1 Abs. 1 Nr. 1 UStG)

▶ Bemessungsgrundlage: Marge abzgl. USt, daher „Margenbesteuerung"

Hauptteil

▶ Voraussetzungen des § 25a Abs. 1 Nr. 1 – 3 UStG
  − Umsatzart: Lieferung beweglicher/körperlicher Gegenstände (§ 1 Abs. 1 Nr. 1 UStG), auch Anlagevermögen
  − liefernder Unternehmer: Wiederverkäufer, der gewerbsmäßig mit Gegenständen handelt bzw. diese öffentlich versteigert
  − Liefergegenstand: kein Vorsteuerabzug bei Erwerb (von privat, von Kleinunternehmer, von Differenzbesteuerer ...); Hinweis Kunst/Edelsteine/Edelmetall, § 25a Abs. 1 Nr. 3, Abs. 2 UStG
  − Erwerb im Gemeinschaftsgebiet

▶ Bemessungsgrundlage, § 25a Abs. 3 UStG
  − Verkaufspreis - Einkaufspreis = Marge - Umsatzsteuer
  − Steuersatz/Steuerbefreiungen
  − allgemeiner Steuersatz 19 %, § 25a Abs. 5 UStG, kein gesonderter Steuerausweis (§ 25a Abs. 6 UStG, Hinweis § 14 Abs. 3 UStG)

▶ Steuerbefreiung nach § 4 UStG möglich; Ausnahme § 4 Nr. 1 Buchst. b i.V. mit § 6a UStG (innergemeinschaftliche Lieferung, § 25a Abs. 7 UStG)

▶ Verzicht auf Differenzbesteuerung (bei jeder einzelnen Lieferung) möglich, § 25a Abs. 8 UStG

▶ Aufzeichnungspflichten (§ 25a Abs. 6 UStG)

Schlussbemerkung

▶ Besonderheiten im innergemeinschaftlichen Warenverkehr
  − innergemeinschaftliche Lieferung: Differenzbesteuerung im Inland (§ 25a Abs. 7 Nr. 3 UStG, keine § 3c, § 4 Nr. 1 Buchst. b i.V. mit § 6a UStG)
  − kein innergemeinschaftlicher Erwerb bei Differenzbesteuerung durch Lieferer, § 25a Abs. 7 Nr. 2 USt
  − keine Anwendung bei innergemeinschaftlicher Lieferung neuer Fahrzeuge i. S. des § 1b Abs. 2, 3 UStG, § 25a Abs. 7 Nr. 1 Buchst. b UStG

▶ Vereinfachungsregelung bei Kleinbeträgen (Einkaufspreis unter 500 €), § 25a Abs. 4 UStG

Thema 75 Innergemeinschaftliche Lieferung, § 6a UStG

Einleitung

Steuerfreiheit für Lieferungen in EU-Mitgliedstaaten; § 4 Nr. 1 Buchst. b i.V. mit § 6a UStG; vergleichbar mit steuerfreier Ausfuhrlieferung, § 4 Nr. 1Buchst. a i.V. mit § 6 UStG.

Hauptteil

- ▶ Voraussetzungen, § 6a Abs. 1 UStG
  - Beförderung/Versendung des Liefergegenstandes in übriges Gemeinschaftsgebiet (durch Lieferer oder Abnehmer); Verbringen, § 6a Abs. 2, § 3 Abs. 1a UStG
  - Abnehmer: Unternehmer (Erwerb für Unternehmen); juristische Person (nicht Unternehmer bzw. Erwerb nicht für Unternehmen); bei Erwerb neuen Fahrzeugs, jeder (vgl. auch § 1b Abs. 2, 3 UStG)
  - Erwerbsbesteuerung beim Abnehmer (vgl. §§ 1a – 1c UStG) § 1a UStG: Lieferung an regelversteuernde Unternehmer immer Erwerbsbesteuerung, damit auch innergemeinschaftliche Lieferung (Indiz: Umsatzsteuer-Identifikationsnummer); Hinweis auf Unternehmer i.S. des § 1a Abs. 3 Nr. 1 UStG (Erwerbsschwelle 12 500 €); Hinweis auf Möglichkeit der qualifizierten Bestätigungsanfrage UStID-Nummer (Bundeszentralamt für Steuern)
- ▶ Einschränkung der Verlustverrechnung nach § 2a Abs. 1 (Hinweis § 8 Abs. 1 KStG), Verlustabzug nach § 2a Abs. 1 (Erweiterung durch § 2a Abs. 2 EStG)

Schlussbemerkung

- ▶ Nachweispflichten
  - Nachweis der Ausfuhr in übriges Gemeinschaftsgebiet in der Buchführung, § 6a Abs. 3 UStG i.V. mit § 17a – c UStDV
  - gesonderte Erklärung innergemeinschaftlicher Lieferungen gem. § 18b UStG
  - Belegnachweise, § 17a UStG
  - Nachweispflichten durch Rechtsprechung in 2009 konkretisiert, durch BMF-Schreiben vom 5. 5. 2010 übernommen (vgl. auch Abschn. 6a UStAE
  - Hinweis: neue EU-Verordnung, seit Juli 2011 in Kraft (VoNr. 282/2011), **neu:** Prüfungs- und Nachweispflicht des Leistenden für Ort der Dienstleistung
- ▶ ggf. aktueller Bezug hinsichtlich Kontrollmechanismen der Finanzverwaltung (Wirkungsweise Zusammenfassender Meldung innergemeinschaftlicher Lieferungen, automatisierte Abfragemöglichkeit durch Finanzbehörden innerhalb EU z. B. zwecks Abgleich mit innergemeinschaftlichem Erwerb)

Thema 76 Kleinunternehmer, § 19 UStG

Einleitung
Vorjahresumsatz höchstens 17 500 €; voraussichtlicher Umsatz im laufenden Jahr höchstens 50 000 €.

Hauptteil
- Folgen
  - Umsätze grds. steuerbar/steuerpflichtig, USt wird jedoch nicht erhoben, § 19 Abs. 1 Satz 1 i.V. m. § 1 Abs. 1 Nr. 1, § 3 Abs. 1b, Abs. 9a UStG
  - Ausnahmen: EUSt (§ 1 Abs. 1 Nr. 4 UStG); innergemeinschaftlicher Erwerb (§ 1 Abs. 1 Nr. 5 UStG; vorausgesetzt: Erwerbsschwelle überschritten bzw. Option); innergemeinschaftlicher Erwerb neuer Fahrzeuge/verbrauchsteuerpflichtiger Waren; innergemeinschaftlicher Lieferung neuer Fahrzeuge (§ 19 Abs. 4 UStG); Steuerschuldnerschaft nach § 13b UStG; Beförderungseinzelbesteuerung (§ 16 Abs. 4 UStG)
  - Steuerbefreiungen bleiben erhalten (Ausnahme: innergemeinschaftlicher Lieferung, § 4 Nr. 1 Buchst. a i.V. mit § 6a UStG)
  - keine Option, § 9 UStG
  - kein offener Steuerausweis, § 14 Abs. 1, 3 UStG
  - keine USt-Identifikationsnummer, § 14a Abs. 2 UStG
  - kein Vorsteuerabzug, § 15 UStG
- Voraussetzungen
  - inländische Unternehmer (bzw. ansässig in § 1 Abs. 3 UStG)
  - Gesamtumsatz Vorjahr höchstens 17 500 €; lfd. Jahr voraussichtlich höchstens 50 000 € (maßgebend: Verhältnisse zu Beginn des Kalenderjahrs; ggf. Umrechnung auf Jahresumsatz erforderlich)
  - Gesamtumsatz: vereinnahmte Entgelte (IST) abzüglich Entgelte für Umsätze von Wirtschaftgütern des Anlagevermögens zzgl. USt = Bemessungsgrundlage steuerbarer Umsätze (§ 1 Abs. 1 Nr. 1 UStG) abzüglich bestimmter steuerfreier Umsätze (§ 4 Nr. 8 Buchst. a – i, 9 Buchst. a – b, Nr. 10 – 28 i.V. m. § 19 Abs. 3 UStG)
  - Neugründung: (Jahres-) Gesamtumsatz von 17 500 € maßgebend

Schlussbemerkung
- Verzicht möglich, § 19 Abs. 2 UStG (Rückwirkung Kalenderjahr). Bindungswirkung über 5-Jahres-Zeitraum
- Besonderheiten bei Übergang von Regelbesteuerung und umgekehrt (insbes. Außenstände/Anzahlungen)
- Gestaltungshinweise
  - Verzicht auf Kleinunternehmerregelung insbesondere vorteilhaft, wenn vorwiegend Umsätze an Unternehmer erbracht werden (Abwälzung der USt, Inanspruchnahme des Vorsteuerabzugs)
  - nachteilige Folgen eines Verzichts auf Kleinunternehmerregelung in Hinblick auf Bindungswirkung, Aufzeichnungspflichten, Formvorschriften des UStG sind zu beachten

Thema 77 Option in der Umsatzsteuer

Einleitung

▶ Wichtigste Optionsmöglichkeit: Verzicht auf Steuerbefreiung bestimmter Umsätze, damit Möglichkeit zum Vorsteuerabzug (Finanzierungseffekt), Vermeidung einer Vorsteuerberichtigung. Häufiger Anwendungsfall: Grundstücksumsätze

▶ andere Optionsmöglichkeit: Kleinunternehmer (§ 19 UStG); Soll-, Ist-Besteuerung (§ 20 UStG); Vorsteuerpauschalierung (§ 23 UStG)

Hauptteil

▶ Verzicht auf Steuerbefreiung (§ 9 UStG)
  – Zweck: Erreichung des Vorsteuerabzugs, Vermeidung Vorsteuerkorrektur (§ 15a UStG)
  – Voraussetzung: Regelunternehmer, Leistung für Unternehmen des Empfängers, Umsatz optionsfähig (§ 4 Nr. 8 Buchst. a – g, 9 Buchst. a, Nr. 12, 13, 19 UStG)
  – Besonderheit: Vermietung zu Wohnzwecken (§ 9 Abs. 2 UStG). Option nur zulässig, soweit Leistungsempfänger Grundstück ausschließlich für Umsätze verwendet, die Vorsteuerabzug nicht ausschließen
  – Verfahren: formlos, keine Frist, Option erfolgt in der Regel durch Ausstellung einer Rechnung mit offenem Steuerausweis und Anmeldung der Steuer. Optionsmöglichkeit für jeden einzelnen Umsatz. Teiloption bei teilbaren Leistungen möglich (z. B. Verkauf/Vermietung von Grund und Boden/Gebäude bei unterschiedlichem Nutzungs- und Funktionszusammenhang)
  – Folge der Option: Steuerfreiheit der Leistung entfällt. Möglichkeit der Inanspruchnahme des Vorsteuerabzugs im Rahmen des § 15 UStG. Pflicht zur Rechnungserteilung mit gesondertem Steuerausweis, § 14 UStG. Rücknahme der Option bis zur Unanfechtbarkeit der Steuerfestsetzung (Berichtigung der Rechnungen, ansonsten schuldet Unternehmer ausgewiesene Steuer nach § 14 Abs. 2 UStG)

▶ Verzicht auf Kleinunternehmerregelung (§ 19 UStG)
  – Zweck: s. o.
  – Voraussetzung: Kleinunternehmer.
    (Gesamtumsatz [§ 19 Abs. 3 UStG] Vorjahr höchstens 17 500 €; lfd. Jahr voraussichtlich höchstens 50 000 €)
  – Verfahren: Verzicht auf Anwendung des § 19 UStG gem. § 19 Abs. 2 UStG; Bindung 5 Jahre

▶ Option zur Ist-Besteuerung (§ 20 UStG)
  – Zweck: Liquiditätsvorteil (Umsatzsteuer entsteht bei Zahlung)
  – Voraussetzung: Gesamtumsatz Vorjahr höchstens 125 000 €; keine Buchführungspflicht oder Freiberufler

▶ Wahl der Vorsteuerpauschalierung (§ 23 UStG, § 70 UStDV)
  – Zweck: Vereinfachung
  – Voraussetzung: nicht buchführungspflichtig, nicht Kleinunternehmer, bestimmte Berufs-, Gewerbezweige (§§ 69, 70 UStDV), Gesamtumsatz Vorjahr höchstens 6 156 €
  – Verfahren: formlos, Bindung 5 Jahre (§ 23 Abs. 3 UStG)

Schlussbemerkung

Insbesondere im Bereich § 9 UStG wichtiges Gestaltungsinstrument in der Umsatzsteuer (Finanzierungseffekt: sofortiger Vorsteuerabzug, laufende [„ratenweise"] Umsatzbesteuerung)

Thema 78 Ort der sonstigen Leistung

Einleitung

In §§ 3a, 3b, 3f UStG geregelt; entscheidend für Steuerbarkeit der Umsätze, denn nur im Inland ausgeführte Umsätze sind steuerbar, § 1 Abs. 1 Nr. 1 UStG

Hauptteil

▶ § 3a Abs. 1 UStG: Ort von dem aus leistender Unternehmer sein Unternehmen betreibt, vorausgesetzt, Regelungen der § 3a Abs. 2–4, § 3b UStG greifen nicht, daher Prüfungsreihenfolge:
 – Ortsbestimmung nach § 3a Abs. 2 UStG für folgende Umsätze:
   – Nr. 1: Leistungen in Zusammenhang mit Grundstücken: Lage des Grundstücks
   – Nr. 3: persönliche Leistungen (a), Werkleistungen (c): Tätigkeitsort
   – Nr. 4: Vermittlungsleistung: Ort vermittelter Umsatz
 – Ortsbestimmung nach § 3a Abs. 3 i. V. m. Abs. 4 UStG:
   – Empfänger der in Abs. 4 bezeichneten Leistung = Unternehmer: Ort des Empfängerunternehmens
   – Empfänger der in Abs. 4 bezeichneten Leistung Unternehmer, Wohnsitz/Sitz im Drittlandsgebiet: Sitz/Wohnsitz des Empfängers
   – Leistungen i. S. des Abs. 4 z. B.: Leistungen in Zusammenhang mit Patenten, Werbeleistungen, Leistungen Angehöriger freier Berufe, Finanzumsätze, Edelmetallumsätze, Vermittlungsleistungen ...
▶ § 3b UStG: Beförderungsleistung: wird dort ausgeführt, wo Beförderung bewirkt wird
▶ Besonderheiten: grenzüberschreitende Beförderung (§ 3b Abs. 1 Satz 2 UStG, §§ 2–7 UStDV), innergemeinschaftliche Beförderung (§ 3b Abs. 3 UStG, Ort zu Beginn der Beförderung bzw. Ort Leistungsempfänger bei Verwendung USt-IdNr.), Vermittlungsleistung (§ 3b Abs. 5 UStG), Besorgungsleistung
▶ § 3f UStG, unentgeltliche sonstige Leistung (§ 3 Abs. 9a UStG): wird dort ausgeführt, wo Unternehmer sein Unternehmen betreibt

Schlussbemerkung

▶ Sonderregelung des § 1 UStDV
 – leistender Unternehmer aus Drittlandsgebiet
 – Leistung im Inland genutzt/ausgewertet: Verlagerung des Ortes in das Inland für
▶ Neuregelung 1. 1. 2010:
 – wesentliche Änderungen bei grenzüberschreitenden Umsätzen
 – Dienstleistungen an Unternehmen (sog. B2B-Umsätze -> business to business) werden seit 1. 1. 2010 grundsätzlich am Ort des Leistungsempfängers bewirkt
 – Sonderregelungen zur Ortsbestimmung (§ 3a Abs. 3 – 7, § 3b UStG)
 – Grundregel zur Ortsbestimmung (§ 3a Abs. 3 – 7, § 3b UStG)
▶ seit 2010 ergibt sich für die Ortsbestimmung grenzüberschreitender Umsätze die folgende Prüfungsreihenfolge:

1. sonstige Leistung oder Lieferung?
2. Leistungsempfänger = Unternehmer oder Privatperson (B2B-Umsatz oder B2C-Umsatz)?
3. Sonderregelungen § 3a Abs. 3 – 7, § 3b UStG?
4. ansonsten Grundregel § 3a Abs. 1 UStG (B2C) und § 3a Abs. 2 UStG (B2B)

Thema 79 Unentgeltliche Wertabgaben

Einleitung
- Ergänzungs-, Untertatbestände der Lieferung/sonstigen Leistung
- Ziel: gleichmäßige Belastung Privatverbrauch Unternehmer und Endverbrauch Abnehmer. Erfassung geschaffener Mehrwert des Unternehmers
- Anpassung deutsches USt-Recht an EU-Recht (6. EG-Richtlinie bzw. MwStSystRL): Erfassung einer Entnahme/privaten Verwendung, wenn im unternehmerischen Bereich (zumindest teilweiser) Vorsteuerabzug möglich war
  Beispiel: private Verwendung/Entnahme eines von Nichtunternehmer erworbenen Pkw – keine Umsatzbesteuerung unentgeltlicher Wertabgabe

Hauptteil
- Tatbestände unentgeltlicher Wertabgaben
  - Entnahme von Gegenständen aus dem Unternehmen für Zwecke außerhalb des Unternehmens, § 3 Abs. 1b Nr. 1 UStG
  - Sachzuwendung an Arbeitnehmer, § 3 Abs. 1b Nr. 2 UStG
  - unentgeltliche Zuwendungen für Zwecke des Unternehmens (Sachspenden, Preisausschreiben, Verlosung ...), § 3 Abs. 1b Nr. 3 UStG
  - außerunternehmerische Verwendung, § 3 Abs. 9a Nr. 1 UStG
  - unentgeltliche sonstige Leistungen für Zwecke außerhalb des Unternehmens, § 3 Abs. 9a Nr. 2 UStG, unentgeltliche Lieferungen/Leistungen werden Umsätzen gegen Entgelt gleichgestellt, damit § 1 Abs. 1 Nr. 1 UStG.
- Abgrenzung zwischen unternehmerischem und nicht unternehmerischem Vermögen erforderlich (Abweichung vom Ertragsteuerrecht möglich, Zuordnung durch Unternehmer entscheidend, unternehmerische Nutzung mind. 10%)
- Ort unentgeltlicher Wertabgaben, § 3f UStG

  Ort von dem aus Unternehmer sein Unternehmen betreibt
- Steuerbefreiungen

  Befreiungstatbestände des § 4 UStG; Ausnahmen: Ausfuhrlieferungen (§ 6 Abs. 5 UStG), Lohnveredelung (§ 7 Abs. 5 UStG).
- Bemessungsgrundlage
  - Lieferungen i. S. des § 3 Abs. 1b UStG: Einkaufspreis zzgl. Nebenkosten bzw. Selbstkosten, § 10 Abs. 4 Nr. 1 UStG
  - sonstige Leistungen i. S. des § 3 Abs. 9a Nr. 1 UStG (VerwendungsEV): Kosten (soweit voller/teilweise Vorsteuerabzug), § 10 Abs. 4 Nr. 2 UStG
  - sonstige Leistungen i. S. des § 3 Abs. 9a Nr. 2 UStG (LeistungsEV): Kosten
- Entstehung der Steuerschuld

  mit Ablauf des Voranmeldungszeitraums der Leistungsausführung, § 13 Abs. 1 Nr. 2 UStG

Schlussbemerkung

▶ Sonderfall private Pkw-Nutzung

keine Besteuerung außerunternehmerischer Nutzung, sofern nur teilweiser Vorsteuerabzug nach § 15 Abs. 1b UStG, § 3 Abs. 9a Satz 2 UStG

Rechtsgrundlage für nur teilweisen Vorsteuerabzug ab 2003 entfallen, damit Besteuerung privater Pkw-Nutzung bei Erwerb nach 2002. Bei Erwerb vor 2003 keine Besteuerung unentgeltlicher Wertabgabe, da Erwerb Pkw mit 50 % Vorsteuerabzug, jedoch 100 % Vorsteuerabzug aus laufenden Kosten (Gesetzeslücke!)

▶ Praxisproblem: außerunternehmerisch genutztes/entnommenes Wirtschaftsgut ohne Vorsteuerabzug erworben, allerdings Bestandteile eingefügt, für die Vorsteuerabzug möglich war (Pkw, Einbau eines Motors). Unentgeltliche Wertabgabe unterliegt insoweit Umsatzsteuerpflicht bei dauerhafter Werterhöhung durch Einbau

Thema 80 Unternehmer, § 2 UStG

Einleitung

USt unterliegen Umsätze von Unternehmern im Rahmen ihres Unternehmens; Definition § 2 UStG

Hauptteil

- ▶ Tatbestandsvoraussetzungen des § 2 UStG
  - Unternehmerfähigkeit besitzen natürliche Personen; juristische Personen (AG, GmbH), Personenvereinigungen des bürgerlichen Rechts (OHG, KG, GbR)
  - Selbständigkeit – Abgrenzung § 2 Abs. 2 UStG (eigene Rechnung, eigene Verantwortung):

  Nr. 1/natürliche Personen, nicht bei Eingliederung in ein Unternehmen/Weisungsgebundenheit

  - Nr. 2/juristische Personen, Eingliederung in Organschaft (finanzielle > 50 % Beteiligungsbesitz)/organisatorische (Geschäftsführung)/wirtschaftliche (Ergänzung wirtschaftlicher Tätigkeit) Eingliederung => Umsätze Organgesellschaft werden Organträger zugeordnet (§ 2 Abs. 2 Nr. 2 UStG); innerhalb Organschaft – Innenumsätze.

  Beispiel Betriebsaufspaltung: Organträger = Besitzgesellschaft, Organgesellschaft = Betriebsgesellschaft

  - gewerbliche/berufliche Tätigkeit/nachhaltige Tätigkeit (Leisten, Dulden, Unterlassen), zur Erzielung von Einnahmen (Gewinnerzielungsabsicht nicht erforderlich, § 2 Abs. 1 Satz 3 UStG). Nachhaltigkeit: Tätigkeit wird auf Dauer zur Erzielung von Einnahmen ausgeübt (Kriterien z. B. mehrjährige Tätigkeit, planmäßiges Handeln, Wiederholungsabsicht unter Ausnutzung derselben Gelegenheit oder desselben dauernden Verhältnisses, Beteiligung am Markt, Auftreten nach Außen . . .). Unternehmen umfasst gesamte gewerbliche/berufliche Tätigkeit; Grundsatz der Unternehmenseinheit, § 2 Abs. 1 Satz 2 UStG

- ▶ Beginn und Ende der Unternehmereigenschaft
  - Beginn: mit erster nach außen erkennbarer Tätigkeit, die auf Unternehmertätigkeit gerichtet ist, z. B. Anmietung von Geschäftsräumen; vorausgesetzt spätere Ausführung entgeltlicher Leistungen ist ernsthaft beabsichtigt; bloße Absichtserklärung reicht nicht aus (Hinweis: Vorsteuerabzug entfällt nicht bei erfolgloser Unternehmensgründung)
  - Ende: Tod natürlicher Person; Einstellung unternehmerischer Tätigkeit (Geschäftsveräußerung, -aufgabe, Beendigung des Insolvenzverfahrens), Löschung/Liquidation juristischer Person

Schlussbemerkung

- ▶ Besonderheiten
  - juristische Person des öffentlichen Rechts (Betriebe gewerblicher Art), § 2 Abs. 3 UStG
  - Kleinunternehmer, § 19 UStG
  - Arbeitsgemeinschaft, freiberufliche Sozietäten als Unternehmenszusammenschlüsse mit umsatzsteuerlicher Unternehmereigenschaft (Abgrenzung zur Innengesellschaft ohne Unternehmereigenschaft wie z. B. stille Gesellschaft)

Thema 81 Vorsteuerabzug, § 15 UStG

Einleitung

▶ Vorsteuerabzug vermeidet Kumulation der Umsatzsteuer bei mehreren Umsatzstufen
▶ Vorsteuer abziehbar, wenn:
  – Leistung an Unternehmer für sein Unternehmen (Ausnahme: privater Fahrzeuglieferer, § 2a, § 15 Abs. 4a UStG)
  – Leistender = Unternehmer
  – gesonderter Steuerausweis in Rechnung (§ 14 UStG), § 15 Abs. 1 Nr. 1 UStG (nach deutschem UStG geschuldete USt)

Hauptteil

▶ Unternehmerbegriff (gewerbliche/berufliche Tätigkeit ... § 2 UStG; Hinweis Kleinunternehmer, § 19 UStG)
▶ Unternehmen (gesamte gewerblich/berufliche Tätigkeit; „Unternehmenseinheit", § 2 Abs. 1 Satz 2 UStG)
▶ Leistung für Unternehmen (Zuordnung durch Unternehmer, unternehmerische Nutzung ≥ 10 %, Zuordnung insgesamt bzw. des unternehmerisch genutzten Teils)
▶ gesonderter Steuerausweis (§ 14 UStG)
  – grds. Steuerbetrag erforderlich (Ausnahme: Kleinbetragsregelung, Fahrausweise, §§ 33–35 UStDV)
  – Rechnung auch Gutschrift, § 14 Abs. 4, 5 UStG
  – nur zutreffend ausgewiesener Betrag = Vorsteuer, nicht Steuer nach § 14 Abs. 2, 3 UStG
▶ Sonderregelungen
  – Vorsteuerausschluss für nicht abziehbare Betriebsausgaben/Kosten der Lebensführung, § 15 Abs. 1a Nr. 1 UStG
  – Vorsteuerausschluss für Reisekosten, § 15 Abs. 1a Nr. 2 UStG
  – Vorsteuerausschluss für Umzugskosten, § 15 Abs. 1a Nr. 3 UStG
  – Vorsteuerabgrenzung für Fahrzeuge, § 15 Abs. 1b UStG

    Fahrzeuge i. S. des § 1b UStG; Erwerb nach 31. 3. 1999, § 27 Abs. 3 UStG; Vorsteuerabzug auf 50 % beschränkt, sofern Fahrzeug auch außerunternehmerisch genutzt, dafür keine Besteuerung außerunternehmerischer Nutzung, § 3 Abs. 9a Nr. 1 Satz 2 UStG. Beschränkungen des Vorsteuerabzugs entfallen ab 2003 (Genehmigung EU nicht erneut beantragt)

  – Abzugsverbote (§ 15 Abs. 2, 3 UStG) bei Verwendung zu folgenden Ausgangsumsätzen:
    – steuerfreie Ausgangsumsätze, § 4 Nr. 8 – 28 UStG
    – nicht steuerbare Umsätze im Ausland, die nach § 4 Nr. 8 – 28 UStG steuerfrei wären
    – unentgeltliche Leistungen, die bei Entgelt nach § 4 Nr. 8 – 28 UStG steuerfrei wären
    – kein Ausschluss bei steuerfreien Umsätzen i. S. des § 4 Nr. 1 – 7, § 25 Abs. 2, § 26 Abs. 5 UStG (steuerfreie Ausfuhren, Lohnveredelung, grenzüberschreitende Güterbeförderung ... § 15 Abs. 3 Nr. 1 Buchst. a UStG)

Thema 81

Schlussbemerkung

- ▶ Vorsteuerabzug nach Sollprinzip (§ 16 Abs. 2 Satz 1 UStG), wenn Rechnung vorliegt/Leistung ausgeführt
- ▶ **Ausnahme:** § 15 Abs. 1 Nr. 1 Satz 2 UStG: Zahlung vor Ausführung
- ▶ Inanspruchnahme des Vorsteuerabzugs bereits bei Vorbereitungshandlungen im Rahmen Unternehmensgründung
- ▶ **Hinweis:** EUSt als Vorsteuer, § 15 Abs. 1 Nr. 2 UStG
- ▶ **Hinweis:** innergemeinschaftliche Erwerbsteuer als Vorsteuer, § 15 Abs. 1 Nr. 3 UStG
- ▶ **Hinweis:** kein Vorsteuerabzug bei Differenzbesteuerung, § 25a UStG
- ▶ **Hinweis:** Steuernummer auf Rechnungen (§ 14 Abs. 1a UStG), bislang keine Auswirkung auf Vorsteuerabzug
- ▶ Besonderheiten bei Vorsteuerüberschüssen:

    Sicherheitsleistung (§ 18f UStG), Möglichkeit der USt-Nachschau (§ 27b UStG)

Thema 82 Vorsteuerberichtigung, § 15a UStG

Einleitung

▶ Anwendungsfälle

Grundstücke: Übergang von steuerfreier zu steuerpflichtiger Verwendung (Option); Verwendung von Wirtschaftsgütern für vorsteuerschädliche/vorsteuerunschädliche Tätigkeiten; Veräußerung/Entnahme; Sonderfall Pkw (§ 15a Abs. 3 Nr. 2 Buchst. a, b, Abs. 4 Satz 2 UStG)

Hauptteil

▶ Prüfungsschema

– Wirtschaftsgut i. S. des § 15a UStG

alle Wirtschaftsgüter, die über mehrere Kalenderjahre verwendet werden (in der Regel Anlagevermögen); nachträgliche AK/HK, § 15a Abs. 3 Nr. 1 UStG

– Änderung der Verhältnisse (vorsteuerrelevante Nutzungsänderung) gegenüber Erstjahr der Verwendung
höherer/niedrigerer Vorsteuerabzug (§ 15 Abs. 2, 3 UStG) als nach Verhältnissen im Erstjahr; Beurteilung jeden Kalenderjahres

– Berichtigungszeitraum

5 Jahre; Grundstücke 10 Jahre (Hinweis auf kürzere Nutzungsdauer, § 5a Abs. 2 Satz 2, 3 UStG)

– Durchführung der Berichtigung

Berichtigung des Vorsteuerabzugs entsprechend vom Erstjahr (= Jahr erstmaligen Vorsteuerabzugs) abweichender Verwendung, § 15a Abs. 1 UStG. Korrektur grds. für jedes Jahr des Berichtigungszeitraums

Vereinfachungsregelungen, § 44 UStDV:

– Vorsteuer insgesamt ≤ 1 000 €: keine Berichtigung, § 44 Abs. 1 UStDV (beachte § 15a Abs. 3 UStG, selbständige 1 000 €-Grenze bei nachträglichen AK/HK)

– Änderung der Verhältnisse < 10 % (Betrag ≤ 1 000 €): keine Berichtigung, § 44 Abs. 2 UStDV (gewichtige Änderung der Nutzungsverhältnisse erforderlich)

– Vorsteuer insgesamt ≤ 2 500 €: Berichtigung insgesamt zum Ende des Berichtigungszeitraums, § 44 Abs. 3 UStDV

– Berichtigung des Vorsteuerabzugs ≤ 6 000 €: Berichtigung mit Jahreserklärung (nicht Veräußerung/Entnahme), § 44 Abs. 4 UStDV, damit zeitanteilige Berichtigung bereits im Voranmeldungsverfahren bei Überschreitung der Grenze

– Hinweis zum Ende des Berichtigungszeitraums, § 45 UStDV

Schlussbemerkung

▶ Besonderheiten beim Pkw (Änderung in der Verwendung, § 15a Abs. 3 Nr. 2 UStG; Veräußerung/Entnahme, § 15a Abs. 4 Satz 2 UStG)

▶ Hinweis auf umfangreiches BMF-Schreiben vom 24. 4. 2003 (BStBl 2003 I 313)

▶ Hinweis Aufzeichnungspflichten, § 22 Abs. 4 UStG

▶ § 15a UStG gilt seit 2002 auch für Kleinunternehmer

Anhang: Verzeichnis Kurzvortragsthemen

Nach § 26 Abs. 3 DVStB muss das Thema des Kurzvortrags einem der in § 37 Abs. 3 StBerG genannten Prüfungsgebiete zuzuordnen sein. Wie weit die Finanzverwaltung diese Prüfungsgebiete inhaltlich ausstattet, zeigen die folgenden Themenbereiche aus der Praxis.

Auswahl von Kurzvortragsthemen der mündlichen Steuerberaterprüfung in NRW und Rheinland-Pfalz aus Protokollen der Prüfungskandidaten

Abgabenordnung/Finanzgerichtsordnung
- § 164 AO im Rechtsbehelfsverfahren
- Änderungen wegen neuer Tatsachen oder Beweismittel
- Aufbewahrungspflichten
- Aufteilung von Steuerschulden
- Auskunfts- und Mitwirkungspflichten in der AO
- Außenprüfung
- Außergerichtlicher Rechtsbehelf
- Aussetzung der Vollziehung im Verfahrensrecht/FGO
- Aussetzung und Ruhen des Verfahrens i. S. d. § 363 AO
- Beendigungsmöglichkeiten im Finanzgerichtsverfahren
- Billigkeitsregelungen in der AO
- Dateizugriff der Finanzverwaltung
- Erlöschen der Steuerschuld (Zahlung, Aufrechnung, Erlass, Verjährung)
- Ermessen in der AO
- Ermittlung der Bemessungsgrundlage – Rechte und Pflichten für Finanzamt, Steuerpflichtige und andere Personen
- Festsetzungsverjährung/Zahlungsverjährung
- Form, Frist und Mindestinhalte der Klage in der FGO
- Fristen im Steuerrecht
- Gerichtliches Rechtsbehelfsverfahren
- Gesamtschuldner/Gesamtgläubiger
- Grundlagen- und Folgebescheid unter besonderer Berücksichtigung des Rechtsbehelfsverfahrens
- Haftung für Verbindlichkeiten
- Haftung im Zivilrecht und Steuerrecht
- Haftungssystem der AO
- Hemmung der Steuerfestsetzungsfrist aufgrund Außenprüfung
- Insolvenzantrag des Finanzamtes gegenüber Steuerpflichtigen

- Klagearten nach der FGO
- Korrektur von Steuerbescheiden, § 173 AO
- Korrekturvorschrift, § 129 AO
- Nachträgliches Ereignis in der AO
- Neue Tatsachen und Beweismittel, § 173 AO
- Pflichten des Finanzamtes und des Steuerbürgers im Rahmen der Steuerveranlagung
- Rechte und Pflichten des Betriebsprüfers
- Rechtsbehelfe in der FGO
- Rechtsmittel gegen ein finanzgerichtliches Urteil
- Rechtsnachfolge – schuldrechtliche Grundlagen und verfahrensrechtliche Folgen
- Säumniszuschläge, Verspätungszuschläge
- Selbstanzeige im Steuerstraf- und Ordnungswidrigkeitenrecht
- Steueranmeldung
- Steuerarrest im Vollstreckungsverfahren
- Steuerfahndung: Aufgaben und Befugnisse
- Steuergeheimnis, § 30 AO
- Straftatbestände in der Abgabenordnung
- Stundung, AdV und Vollstreckungsaufschub
- Verbindliche Auskunft, verbindliche Zusage, tatsächliche Verständigung
- Verjährungsfristen in der AO
- Vertrauensschutz im Steuerrecht
- Verwaltungsakt i. S. d. § 118 AO
- Verwertungsverbot bei Außenprüfung
- Vollstreckungsmöglichkeiten der Finanzverwaltung wegen Geldforderungen
- Vorläufige Steuerfestsetzung, § 165 AO
- Vorläufiger Rechtsschutz in AO/FGO
- Wichtigste Haftungstatbestände im Steuerrecht und Zivilrecht und die Verfahrensweise bei Inanspruchnahme
- Widerstreitende Steuerfestsetzungen, § 174 AO
- Wirtschaftlicher Geschäftsbetrieb und der Zweckbetrieb bei gemeinnützigen Körperschaften
- Zinsen in der Abgabenordnung
- Zuständigkeiten der Finanzämter
- Zuständigkeiten nach der AO

Berufsrecht

- Aufgaben des Steuerberaters nach dem StBerG
- Aufgaben und Funktionen der Steuerberaterkammern, Bundessteuerberaterkammer
- Berufsgerichtliche Maßnahmen

- Berufsgerichtsbarkeit nach dem StBG
- Berufsorganisation der Steuerberater und Steuerbevollmächtigten
- Berufspflichten des Steuerberaters
- Haftung des Steuerberaters
- Handlungsmöglichkeiten bei Berufspflichtverletzungen nach dem Steuerberatungsgesetz
- Organisation der Steuerberaterkanzlei
- Sozietät für Steuerberater
- Steuerberater/StB-Kanzlei – betriebswirtschaftliche, zivilrechtliche und steuerliche Auswirkungen
- Steuerberatergebührenverordnung
- Steuerberatungsvertrag
- Vertretung des Steuerpflichtigen durch den Steuerberater im steuerlichen Verfahren
- Widerruf der Anerkennung von Steuerberatungsgesellschaften

Bilanzsteuerrecht/Handelsrecht

- Abgrenzung Betriebsvorrichtungen vom Grundvermögen
- Abgrenzung Erhaltungs- und Herstellungsaufwand
- Abgrenzungsmerkmale Anlage- und Umlaufvermögen
- Abschreibungen im Handelsrecht
- Abzinsung von Verbindlichkeiten im Steuerrecht
- Anhang und Lagebericht
- Ansatz von Rückstellungen im Handels- und Steuerrecht
- Anschaffungs- und Herstellungskosten in Handelsbilanz und Steuerbilanz
- Anschaffungskosten und der Teilwert der GmbH-Beteiligung in der Steuerbilanz
- Aufwandsrückstellungen in Handelsbilanz und Steuerbilanz
- Ausweis der Finanzanlagen in Handelsbilanz und Steuerbilanz
- Behandlung selbstverschuldeter Umweltlasten bei einer Kapitalgesellschaft in Handelsbilanz und Steuerbilanz
- Beteiligungen in der Handelsbilanz und Steuerbilanz
- Bewertung nach Handels- und Steuerrecht
- Bewertung von Einzelwirtschaftsgütern (Vermögensgegenstände und Schulden) in Handels- und Steuerrecht
- Bewertung von Forderungen und Schulden im Handelsrecht
- Bewertung von Roh-, Hilfs- und Betriebsstoffen im Jahresabschluss
- Bewertung von Vorräten nach Handels- und Steuerrecht
- Bilanzberichtigung und Bilanzänderung
- Bilanzierung schwebender Geschäfte
- Bilanzierung und Bewertung von Altersteilzeitrückstellungen und Rückstellungen für ausstehenden Urlaub in Handels- und Steuerbilanz

- Bilanzierung von Forderungen
- Bilanzierung von Leasingobjekten
- Bilanzpolitische Maßnahmen im Jahresabschluss
- Das Eigenkapital in der Bilanz
- Der Geschäftswert (handelsrechtlich/steuerrechtlich)
- Der Teilwert
- Die Größenklassen nach § 257 HGB – und Gestaltungsmöglichkeiten
- Die Untergrenze der Herstellungskosten in Handels- und Steuerbilanz
- Einbringungsgeborene Anteile im Zusammenhang mit § 3 Nr. 40 EStG und § 8b KStG
- Einbringungsgeborene Anteile und ihre steuerrechtliche Beurteilung
- Entwicklung des Eigenkapitals nach §§ 27,29 KStG
- Erläuterung des Maßgeblichkeitsgrundsatzes und der Bilanzdynamik
- Firma eines Kaufmanns
- Form, Gliederung und Inhalt einer Bilanz
- Geringwertige Wirtschaftsgüter/Sammelposten
- Gesamthandsbilanz, Ergänzungsbilanz, Sonderbilanz
- Gesellschafter-Darlehen in der Bilanz und im Insolvenzstatus
- Gestaltung bei der Wahl der Größenklasse nach HGB
- Handels- und steuerrechtliche Bilanzierung von Ingangsetzungs- und Erweiterungskosten
- Handelsrechtlicher Vergleich OHG und KG
- Handelsregister
- Handelsvertreter
- Immaterielle Wirtschaftsgüter im Steuerrecht
- Inventurvereinfachungsverfahren
- Investitionsabzugsbetrag und Sonderabschreibung nach § 7g EStG
- Kapitalersetzende Darlehen in Handels- und Steuerrecht
- Latente Steuern im Jahresabschluss
- Latente Steuern in Handelsbilanz und Steuerbilanz
- Lifo, Fifo – Bewertungsmethoden
- Mindestansatz Herstellungskosten in Steuer- und Handelsbilanz
- Notwendiges/gewillkürtes Betriebsvermögen (BV), notwendiges Privatvermögen (PV)
- Plausibilitätsprüfungen im Jahresabschluss
- Rechnungsabgrenzungsposten (RAP) in Handelsrecht und Steuerrecht
- Rücklage für Ersatzbeschaffung – Bildung, Bewertung, Übertragung
- Rückstellung für Umweltrisiken
- Rückstellung für ungewisse Verbindlichkeiten
- Teilwertabschreibung AV und UV
- Übertragung stiller Reserven nach R 6.6 EStR

- Umwandlung im Handelsrecht
- Verdeckte und offene Einlagen
- Verzinsung von Verbindlichkeiten
- Wertaufholung und Wertbeibehaltung im Jahresabschluss

Betriebswirtschaft/Volkswirtschaft
- Betriebswirtschaftlicher Vergleich zwischen Kapital- und Personengesellschaften
- Cashflow-Rechnung
- Deckungsbeitragsrechnung
- Erläutern Sie die verschiedenen Abschreibungsarten in betriebswirtschaftlicher Hinsicht
- Erläuterung des Leverage-Effekts
- Finanzierung eines Unternehmens
- Kostenrechnung
- Kreditmittelsicherheiten
- Unternehmensbewertung (BewG/betriebswirtschaftlich)
- Vollkostenrechnung/Teilkostenrechnung
- Vor- und Nachteile von Eigenkapital bei der Finanzierung
- Ziele und Wirkungsweise arbeitsmarktorientierter Reformüberlegungen

Erbrecht/Erbschaftsteuerrecht/Bewertungsrecht
- Aufgaben des Testamentsvollstreckers
- Behandlung von Leibrenten in der Erbschaftsteuer
- Bemessungsgrundlage im ErbStG
- Besteuerungszeitpunkt bei der ErbSt und im BewG
- Bewertung und die Veranlagung nach dem ErbStG von Betriebsvermögen
- Bewertung von Anteilen an Kapitalgesellschaften
- Bewertung von bebauten Grundstücken im Ertragswertverfahren
- Bewertung von Forderungen im Betriebsvermögen
- Bewertung von Grundstücken
- Bewertung von in- und ausländischem Betriebsvermögen in der ErbSt
- BGB-Gesellschaft als Familienunternehmen in der ErbSt/SchenkSt
- Erbrecht der Ehegatten
- Erbschaft-/Schenkungsteuer mit Auslandsbezug
- Erbschaftsteuerliche Behandlung des Nießbrauch und dessen Verzicht
- Erbvertrag/Vermächtnis/Testament – Gestaltungsüberlegungen
- Familienstiftungen im ErbStR
- Folgen der Übertragung von Anteilen an Personengesellschaften und Kapitalgesellschaften in ErbSt/SchenkSt

- Gemischte Schenkung/Schenkung unter Auflage
- Gestaltung in der ErbSt/SchenkStgewillkürte Erbfolge
- Güterstände in der ErbSt
- Hinterbliebenenbezüge in der Erbschaftsteuer
- Mittelbare Grundstücksschenkung
- Möglichkeiten der Verwandten bei Nichtberücksichtigung im Erbfall
- Nießbrauch im ErbStG/SchenkStG
- Qualifizierte Nachfolgeklausel im Ertrags- und Erbrecht
- Rechtsformwahl bei Familiengesellschaften unter schenkungsteuerlichen und erbschaftsteuerlichen Gesichtspunkten
- Schenkungsteuerliche Behandlung der gemischten Schenkung und Schenkung unter Auflage
- Steuersparende Gestaltung in der ErbSt/SchenkSt
- Stichtagsprinzip in der Erbschaft- und Schenkungsteuer
- Teilungserklärung in der Erbschaftsteuer
- Vergünstigung in der ErbSt und SchenkSt
- Vor- und Nacherbschaft im ErbStG
- Vorweggenommene Erbfolge aus Sicht der Erbschaft-, Schenkungsteuer und Einkommensteuer
- Wertermittlung und Steuerberechnung in der Erbschaft-, Schenkungsteuer

Ertragsteuerrecht
- Abfindung im Steuerrecht
- Abgrenzung der Ausbildungskosten
- Abgrenzung Einkünfte aus Gewerbebetrieb und aus selbständiger Tätigkeit
- Abgrenzung zwischen der privaten Vermögensverwaltung und dem gewerblichen Grundstückshandel
- Abschreibungen im Einkommensteuerrecht
- Abschreibung denkmalgeschützter Gebäude
- AfA-Methoden im EStG
- Arbeitsmittel im Zusammenhang mit Werbungskosten, § 19 EStG
- Aufdeckung stiller Reserven ohne Veräußerung
- Außergewöhnliche Belastungen
- Außerordentliche Einkünfte in der Einkommensteuer
- Beschränkte Steuerpflicht: Voraussetzung und Bewertung
- Beschränkte, unbeschränkte und erweiterte beschränkte Steuerpflicht
- Besteuerung der Direktversicherung
- Besteuerung einer Mitunternehmerschaft
- Besteuerung von Ausländern im EStG

- Besteuerung von Beteiligungserträgen nach EStG und KStG
- Besteuerung von Dividenden und Anteilsveräußerungen nach EStG und KStG
- Besteuerung von Reiseleistungen
- Betriebe gewerblicher Art im Steuerrecht
- Betriebsaufspaltung
- Betriebsveranstaltungen aus Arbeitgeber- und Arbeitnehmersicht
- Betriebsveräußerung und Betriebsaufgabe – ertragsteuerliche Voraussetzungen und rechtliche Folgen
- Betriebsverpachtung
- Bewirtung im Lohnsteuerrecht
- Denkmalschutz in der Einkommensteuer
- Die einkommensteuerliche Behandlung von Fort- und Ausbildungskosten
- Die steuerliche Behandlung der Riester-Rente
- Direktversicherung des Arbeitnehmers
- Doppelte Haushaltsführung
- Drittaufwand
- Dualismus der Einkunftsarten
- Einkommensteuerliche Behandlung von Zuschüssen
- Einkünfte aus Gewerbebetrieb
- Einkünfte aus nichtselbständiger Arbeit
- Einlagen und Entnahmen im Steuerrecht
- Entfernungspauschale
- Ertragsteuerliche Behandlung der Mitunternehmerschaften und der Mitunternehmer
- Ertragsteuerliche Behandlung des Nießbrauchs bei Vermietung und Verpachtung
- Ertragsteuerliche Behandlung der Verschmelzung GmbH auf Personengesellschaft
- Ertragsteuerliche Behandlung von ausländischen Sportlern und Künstlern
- Ertragsteuerliche Behandlung von Spaltungen
- Ertragsteuerliche Behandlung wiederkehrender Bezüge bei Übertragung von Privat- und Betriebsvermögen
- Gepägetheorie nach § 15 Abs. 3 Nr. 2 EStG – Entwicklungen, Voraussetzung, Aussichten
- Geschlossene Immobilienfonds, Leasinggesellschaften, Schiffsbeteiligungen, Medienfonds und ihre steuerliche Abgrenzung
- Gewerbliche Tätigkeit – Abgrenzung
- Gewerblicher Grundstückshandel
- Gewinnermittlungsarten im EStG
- Halbeinkünfte-/Teileinkünfteverfahren
- Haushaltsnahe Beschäftigungsverhältnisse
- Kapitalertragsteuer
- Kapitalkonto und § 15a EStG

- Kinder im EStG
- Kultursponsoring
- Leibrente (Bewertung, Besteuerung, Bedeutung im Steuerrecht)
- Liebhaberei
- Lohn- und umsatzsteuerliche Behandlung von Sachbezügen
- Lohnsteuerabzüge bei Mahlzeiten und Sachbezügen
- Lohnsteuerabzugsverfahren, Freibeträge und Hinzurechnungsbeträge
- Nießbrauchsrecht am Beispiel eines V+V-Objektes
- Notwendiges Betriebsvermögen, gewillkürtes Betriebsvermögen, notwendiges Privatvermögen; Abgrenzung und Auswertung im Ertragsteuerrecht
- Private Pkw-Nutzung in der Einkommensteuer
- Private Veräußerungsgeschäfte (insbesondere bei Wertpapieren)
- Private Veräußerungsleibrente
- Progressionsvorbehalt bei Arbeitnehmern
- Realteilung
- Reisekosten bei Unternehmern und Arbeitnehmern/im Lohnsteuerrecht
- Rentenbesteuerung
- Sanierungsgewinne
- Schuldzinsen im Ertragsteuerrecht
- Sonderausgabenabzug gemäß § 10b EStG
- Sonderbetriebsvermögen/mitunternehmerische Betriebsaufspaltung
- Sponsoring im Ertragsteuerrecht
- Steuerliche Behandlung immaterieller Vermögensgegenstände
- Steuerliche Behandlung von Leasingverträgen
- Steuervergünstigungen in der Einkommensteuer
- Stille Beteiligung und partiarisches Darlehen
- Thesaurierung nach § 34a EStG
- Übertragung Einzelwirtschaftsgüter i. S. d. § 6 EStG
- Übertragung von Grundstücken und deren steuerliche Behandlung
- Übertragung von Versorgungsansprüchen aus lohnsteuerrechtlicher Sicht
- Unbeschränkte, beschränkte und erweiterte Einkommensteuerpflicht
- Unterhaltszahlungen in der Einkommensteuer
- Unterstützungsleistungen
- Veräußerung des Mitunternehmeranteils aus Sicht des Veräußerers und Erwerbers
- Veräußerung wesentlicher Beteiligungen, § 17 EStG
- Veräußerungsgewinne im Einkommensteuerrecht
- Verdeckte Einlage im Rahmen des § 17 EStG
- Verluste bei beschränkter Haftung

- Vermögenszuwendung an Arbeitnehmer
- Verschmelzung von Kapitalgesellschaften im Ertragsteuerrecht
- Wechsel der Gewinnermittlungsart
- Werbungskostenerstattung durch den Arbeitgeber
- Wesentliche Betriebsgrundlage – Bedeutung und Vorkommen im Ertragsteuerrecht

Gesellschafts- und Zivilrecht
- Anfechtung von Willenserklärungen
- Anstellungsvertrag zwischen Geschäftsführer und Gesellschaft
- Aufgaben und Haftung des GmbH-Geschäftsführers
- Aufrechnung im Steuerrecht
- Aufsichtsrat, Beirat, Verwaltungsrat in der GmbH; Voraussetzungen, Aufgaben, Kompetenzen und Haftung dieser Organe unter besonderer Berücksichtigung des dispositiven GmbH-Rechts
- Austritt aus einer Personengesellschaft in zivilrechtlicher Hinsicht – steuerliche Auswirkungen
- Begriff und Arten des Wertpapiers
- Besitz und Eigentum im bürgerlichen Recht
- Beurteilungskriterien bei Schiffsfonds, Aktienfonds, geschlossenen und offenen Immobilienfonds, Windkraftfonds
- BGB-Gesellschaft und ihre Bedeutung im Wirtschaftsleben
- Eigen- und Fremdfinanzierung bei Kapital- und Personengesellschaften
- Eigentumserwerb an beweglichen und unbeweglichen Sachen sowie an Rechten
- Fristen im Zivilrecht
- Garantie bei Unternehmenskäufen
- Garantie und Gewährleistung
- GbR, OHG, KG – Begriffe, Unterschiede
- Gemischte Tätigkeiten bei Personengesellschaften
- Geschäftsführer-Vertrag zwischen Kapitalgesellschaft und Gesellschafter
- Gesellschafter-Darlehen in der Bilanz und im Insolvenzstatus
- Gesellschafter-Darlehen in der Krise der Gesellschaft
- Gewährleistung im Kaufrecht
- Gewerbliche Betriebe von juristischen Personen des öffentlichen Rechts
- GmbH vs. GmbH & Co. – betriebswirtschaftliche, zivilrechtliche und steuerliche Unterschiede
- Grunddienstbarkeit/Reallast – Inhalte, Formen, Gestaltungen
- Grundpfandrecht – Für und Wider
- Grundpfandrechte (Entstehung, Erlöschen ...)
- Grundstückserwerbe, Grundstücksbelastungen

- ▶ Güterstand
- ▶ Haftung des Gesellschafter-Geschäftsführers
- ▶ Insolvenzverfahren
- ▶ Juristische Personen (Begriff, Arten, Bedeutung)
- ▶ KGaA – Behandlung in Handels- und Steuerrecht
- ▶ Kreditsicherungsgesetz
- ▶ Miete, Leihe, Pacht
- ▶ Verjährungsfristen nach BGB und HGB
- ▶ Not-Geschäftsführer bei der GmbH, Bestellung, Pflichten
- ▶ Partnerschaftsgesellschaft
- ▶ Rechte des Käufers bei Leistungsstörungen
- ▶ Rechte und Pflichten von Geschäftsführern bei der GmbH und Personenhandelsgesellschaften
- ▶ Rechtsformwahl zwischen GmbH & Co. KG und GmbH bei der Existenzgründung aus steuerlicher, betriebswirtschaftlicher und zivilrechtlicher Sicht
- ▶ Rechtsfähigkeit, Geschäftsfähigkeit, Deliktsfähigkeit
- ▶ Rechtsformwahl zwischen GmbH und GmbH & Co. KG unter betriebswirtschaftlichen, zivilrechtlichen und steuerlichen Aspekten
- ▶ Rechtsnachfolge – schuldrechtliche Grundlagen und verfahrensrechtliche Folgen
- ▶ Sachmängelhaftung im Kaufrecht
- ▶ Steuerberatungsgesellschaften
- ▶ Störungen im Kaufvertragsrecht
- ▶ Übertragung von Grundvermögen in Zivil- und Steuerrecht
- ▶ Unterschiede zwischen BGB-Gesellschaft, OHG und KG – Entstehung, Vertretung, Haftung
- ▶ Vergleich Grundbuch – Handelsregister
- ▶ Vergleich Personengesellschaften betr. Haftung, Vertretung u. a.
- ▶ Vollmacht und Vertretung im BGB – Erteilung, Wirkung und Erlöschen; Vertretung ohne Vertretungsmacht
- ▶ Voraussetzungen zur Gründung und Eintragung einer GmbH
- ▶ Willenserklärungen im Zivilrecht
- ▶ Zustandekommen schuldrechtlicher Verträge (bürgerliches recht, Handelsrecht, „Schweigen" im Handelsrecht)

Gewerbesteuer
- ▶ Beginn und Ende der Gewerbesteuerpflicht
- ▶ Dauerschulden und Dauerschuldzinsen im Gewerbesteuerrecht
- ▶ Der Gewerbeverlust nach § 10a GewStG
- ▶ Gewerbesteuermessbetrag
- ▶ GewSt-Verlustabzug/gewerbesteuerliche Verlustvorträge

- Hinzurechnungen und Kürzungen bei der Ermittlung des Gewerbeertrags
- Vergünstigungen im Gewerbesteuerbereich
- Zerlegung der Gewerbesteuer

Grunderwerbsteuer
- § 16 in der Grunderwerbsteuer
- Änderung von Grunderwerbsteuerbescheiden
- Erwerbsvorgänge im Grunderwerbsteuergesetz
- Grunderwerbsteuer bei Gründung bzw. Auflösung von Personen- und Kapitalgesellschaften
- Grunderwerbsteuer unter Berücksichtigung der BFH-Rechtsprechung
- Grunderwerbsteuer: Sinn und Zweck, § 3
- OECD-Musterabkommen im Ertragsteuerrecht
- Regelungsinhalt und Zielsetzung der § 1 Abs. 1 Nr. 3 und Abs. 2a und § 1 Abs. 3 GrEStG
- Übertragung von Grundvermögen in Zivil- und Steuerrecht
- Vermeidung von Doppelbesteuerung

Internationales Steuerrecht
- Ausländische Einkünfte in der Körperschaftsteuer
- Behandlung ausländischer Einkünfte bei unbeschränkter Einkommensteuerpflicht
- Behandlung von Verlusten ausländischer Betriebsstätten
- Besteuerung von ausländischen Betriebsstätten im Inland
- Grenzüberschreitender Dienstleistungsverkehr in der EU
- Organe und Nebenorgane der EU im Überblick
- Wegzugsbesteuerung, § 6 AStG

Körperschaftsteuerrecht/Vereinsrecht
- Ausländische Einkünfte im Körperschaftsteuerrecht
- Beschränkt steuerpflichtige Kapitalgesellschaften
- Besteuerung gemeinnütziger Vereine
- Besteuerung von Beteiligungserträgen nach EStG und KStG
- Besteuerung von Dividenden und Anteilsveräußerungen nach EStG und KStG
- Besteuerung von Sportveranstaltungen
- Erlaubte und unerlaubte Mittelverwendung bei Körperschaften des öffentlichen Rechts
- Gewinnabführungsvertrag der körperschaftlichen Organschaft
- GmbH – von der Gründung bis zur Liquidation
- Konsolidierung im Konzern
- Konzern-Rechnungslegung

- Liquidationsbesteuerung einer GmbH
- Mantelkauf im Körperschaftsteuerrecht
- Nicht rechtsfähiger Verein als Körperschaftsteuersubjekt
- Offene und verdeckte Einlagen im Körperschaftsteuerrecht
- Organschaft im Körperschaftsteuerrecht
- Pensionszusage
- Risiken bei der Gewinnausschüttung vor zivil- und handelsrechtlichem Hintergrund
- Spaltung in der Körperschaftsteuer
- Sponsoring beim Verein
- Tantieme-Vergütung an den Gesellschafter-Geschäftsführer
- Verdeckte Gewinnausschüttung anhand von Beispielen
- Verdeckte Gewinnausschüttung durch Pensionszusagen an Gesellschafter-Geschäftsführer
- Verlustausgleich bei beschränkter Haftung
- Verdeckte Gewinnausschüttung und Auswirkung im KStG
- Verdeckte Gewinnausschüttung und deren Auswirkungen bei der Kapitalgesellschaft und dem Empfänger sowie die Behandlung in der Steuer- und Handelsbilanz
- Verdeckte Gewinnausschüttungen und Entnahmen – Gemeinsamkeiten, Unterschiede

Umwandlungssteuerrecht
- Einbringung nach § 20 UmwStG
- Einbringung von Einzelunternehmen in Personengesellschaften
- Einbringung von Teilbetrieben in eine Personengesellschaft nach UmwStG
- Formwechsel im Umwandlungsteuerrecht
- Umwandlung nach dem UmwG
- Umwandlung von Kapitalgesellschaften in Personengesellschaften
- Verschmelzung von Kapitalgesellschaften
- Welche Änderungen bringt der UmwSt-Erlass 2011?

Umsatzsteuerrecht
- Aufzeichnungen im Umsatzsteuerrecht
- Ausweis- und Aufbewahrungspflichten in der Umsatzsteuer
- Beförderungsleistung innerhalb der EU
- Bemessungsgrundlagen in der Umsatzsteuer
- Berichtigung des Vorsteuerabzugs
- Besteuerungsverfahren in der Umsatzsteuer
- Der neue Ort der sonstigen Leistung nach § 3a UStG
- Differenzbesteuerung, § 25a UStG
- Entstehung und Fälligkeit der Umsatzsteuer

- Finanzdienstleistungen nach § 4 Nr. 8 UStG
- Gemischt genutzte Gebäude im Umsatzsteuerrecht
- Geschäftsveräußerung im Ganzen in der Umsatzsteuer, § 1 Abs. 1a UStG
- Haftung im Umsatzsteuerrecht
- Innergemeinschaftliche Lieferung, § 6a UStG
- Innergemeinschaftliche Reihen- und Dreiecksgeschäfte
- Kleinunternehmer, § 19 UStG
- Kommissionsgeschäfte im Umsatzsteuerrecht
- Mehrwertsteuer-Systemrichtlinie
- Nicht steuerbare Geschäftsveräußerung gem. §1 Abs. 1a UStG
- Option in der Umsatzsteuer
- Organschaft in der Umsatzsteuer
- Ort der sonstigen Leistung
- Rechnungen in der Umsatzsteuer, Rechtsfolgen bei Fehlern
- Reihengeschäfte und Dreiecksgeschäfte im UStG
- Rückgabe und Rücklieferung im UStG
- Tausch/tauschähnlicher Umsatz
- Übergang der Steuerschuldnerschaft, § 13b UStG
- Umsatzbesteuerung der Vereine
- Umsatzbesteuerung im Binnenmarkt
- Umsatzbesteuerung juristischer Personen des öffentlichen Rechts
- Umsatzbesteuerung öffentlich-rechtlicher Anstalten
- Umsatzbesteucrung von Beförderungsleistungen
- Umsatzsteuerlager
- Umsatzsteuerrechtliche Behandlung der Leistungen des Arbeitgebers an Arbeitnehmer
- Umsatzsteuerrechtliche Behandlung der Abgabe von Speisen und Getränken
- Umsatzsteuerliche Beurteilung von Leistungsbeziehungen in Personengesellschaften
- Umsatzsteuervergütungsverfahren
- Unentgeltliche Wertabgaben
- Unternehmer, § 2 UStG
- Vorsteuerabzug und Besteuerung der teilweise privat genutzten Wirtschaftsgüter des Unternehmens
- Vorsteuerabzug und unentgeltliche Wertabgabe bei unternehmerischen Kfz
- Vorsteuerabzug, § 15 UStG
- Vorsteuerberichtigung, § 15a UStG
- Vorsteuervergütungsverfahren

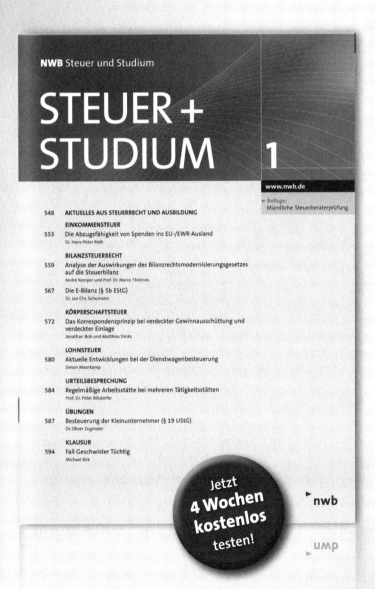

NWB Ausbildung

Spielend zum Erfolg!

Lernquiz Steuerrecht

Marx
5. Auflage. 2011. 500 Karten in
Karten-Stülp-Schachtel (DIN A 7).
Rechtsstand 2011. € 39,80
(unverbindl. Preisempfehlung)
ISBN 978-3-482-**53605**-2

★★★★★ Kundenrezension zum **Lernquiz Steuerrecht**

„... die ideale Vorbereitung auf die Prüfung zum Steuerfachwirt o. Ä.; kleine handliche Karten, die selbst in einer Hosentasche Platz finden; konnte so jede Zwangspause (z. B. Warten beim Arzt, längere Autofahrten als Beifahrer) sinnvoll überbrücken ..."

Mit dem „Lernquiz Steuerrecht" macht das Lernen Spaß! Anhand von 500 Quizkarten mit präzisen Fragen und einprägsamen Antworten wiederholen Sie wichtigen Lernstoff aus allen Prüfungsgebieten auf spielerische Weise. Abgabenordnung, Bilanzsteuerrecht, Einkommensteuer, Körperschaftsteuer, Betriebswirtschaftliche Steuerlehre, Gewerbesteuer, Umsatzsteuer und Erbschaftsteuer – alles drin!

Ob allein oder in der Gruppe, ob zu Hause am Schreibtisch oder unterwegs: Das „Lernquiz Steuerrecht" bietet Ihnen viele abwechslungsreiche Möglichkeiten, Ihr Wissen spielend zu überprüfen und aufzupolieren.

Für einen ersten Eindruck finden Sie hier eine kleine Auswahl von Fragen und Antworten:
www.nwb.de/go/lernquiz

Das Steuerwissen der wichtigsten Fächer kompakt auf 500 Karten!

Bestellen Sie jetzt unter **www.nwb.de/go/buchshop**

Unsere Preise verstehen sich inkl. MwSt. Bei Bestellungen von Endverbrauchern über den Verlag: Im Internet ab € 20,- versandkostenfrei, sonst zzgl. € 4,50 Versandkostenpauschale je Sendung.

NWB versendet Bücher, Zeitschriften und Briefe CO$_2$-neutral. Mehr über unseren Beitrag zum Umweltschutz unter **www.nwb.de/go/nachhaltigkeit**

▶ **nwb** GUTE ANTWORT